情緒平復練習

認知行為治療實作指南

10 個幫助你應對焦慮、憂鬱、憤怒、
恐慌及擔憂等情緒問題的簡易策略

賽斯‧吉爾罕（Seth J. Gillihan）———— 著
卓文琳———— 譯

晨星出版

快速入門指南

　　本書適合你嗎？請閱讀以下敘述，如果該敘述符合你的感受，請於方格中打勾。

　　❏ 我對於下一次恐慌發作感到畏懼。

　　❏ 我難以入眠。

　　❏ 我不必要地擔心許多事情。

　　❏ 我感到緊張跟焦慮，而且難以放鬆。

　　❏ 某些事物或情況讓我感到害怕。

　　❏ 我逃避我應該做的事情，因為它們讓我感到焦慮。

　　❏ 我對某些社交場合感到極度緊張，並且能免則免。

　　❏ 某些情況下，我的憤怒反應似乎太過頭了。

　　❏ 我不了解為何我如此憤怒。

　　❏ 我的憤怒已經對於我的人際關係造成問題。

　　❏ 對於曾經喜歡的事物，我不再感興趣。

　　❏ 我覺得沒有什麼事情讓我有所期待。

　　❏ 我難以專注和做決定。

　　❏ 我不喜歡我自己。

　　❏ 很難找到我所需要的能量和動力。

　　如果你在上述方格中勾選了好幾項，這本書便能使你受益。繼續閱讀以了解認知行為治療（Cognitive Behavioral Therapy, CBT），以及如何掌握治療過程。

本書獻給瑪西亞（Marcia），
對於她與我共享生命感到愛與感謝

目次

推薦序

　　認知行為治療（CBT）是一項很有效的心理治療方式，以一套連貫且全面的情緒和與之連結的行為理論做為基礎，該理論能引導如何發掘情緒障礙來源。認知行為治療的工具也很重要，工具是從該理論衍伸而來，且已經過專業人士開發超過40年。這項技術的多元性讓治療師能夠根據每位患者的具體需求和喜好來調整採用的干預措施。既然如此，這項看似需要專業治療師來幫助患者辨識他們獨特的模式以選擇正確工具的治療方式，要如何透過書的形式來展現療效呢？賽斯‧吉爾罕（Seth Gillihan）博士找到了答案，他用簡潔、平實且優雅的文字，跟任何想要了解並解決他們心理健康障礙的讀者產生連結。

　　書中平穩且自信的語氣，來自於一位我相當了解的學生。2005年，賽斯成為賓州大學（University of Pennsylvania）的第50位博士生，我親自教導並監督他為期一年的認知行為治療實習課程。過去35年，我有幸向一些優秀、充滿動力的年輕專業人士傳授認知行為治療的原理與實務，他們的天賦與知識水準，以及對學習的堅持，至今仍讓我讚嘆不已。但賽斯與來自不同背景和各行各業的人建立連結的智慧與能力，特別讓我印象深刻。他具有優異的能力，

能夠吸收我從自己的良師：史蒂芬・霍倫（Steven Hollon）和亞倫・貝克（Aaron T. Beck）博士那裡學來的知識精髓，融合他自己極度實用的觀點之後再傳授出去。

　　我最初觀察到賽斯成為專業人士的天賦，是在觀看記錄他治療療程的影片、閱讀他的案例筆記，以及聽他清楚描述關於他和案主所共同經歷的成功與失敗時發現的。賽斯・吉爾罕跟當年一樣天賦異稟，只是有了更豐富的經驗，在本書之前，他寫了一本名為《重新訓練你的大腦：七週認知行為治療》的書「熱身」，那是一本很好的書；此外也有針對強迫症（OCD）患者及其家人合著一部實用且細膩的指南。

　　他最新的這本著作讀起來相當愉快，考慮到主題的嚴肅程度，以及他對問題誠實且實際的處理方式，這是一項不小的成就。本書詳盡地納入許多領域，但仍保持和書名一貫的「簡易」風格。本書更進一步展現賽斯的強項，包括他組織和建構材料的優異能力，所以讀者能很容易地抓住並吸收書中的精髓。本書獨特之處在於賽斯從一而終的節奏，闡述如何解決無益的思考，如何使用行為來改變有問題的模式，最後，如何關注並留意我們生活中的重要事物。這種節奏令我非常驚艷，現在我將思考（Think）、行動（Act）和處於當下（Be）納入自己的教學中。其實，這真是再簡單不過了！但這些文字反映出豐富且強大的概念，足以治療客戶的生活，並產生積極的轉變。對本書讀者也能有同樣的效果。

　　即使你沒有在本書涵蓋的所有領域（悲傷、擔憂、害怕、憤怒、拖延、自我批評）遇到困難，我還是強力推薦以下三個主題的

章節：拖延、憤怒以及「安全行為」。因為賽斯對於這些令人費解卻又非常常見的模式提出相當有趣的見解！別的不提，光是他對這些模式的描述，就能幫助讀者了解這些模式如何難倒身邊的朋友、同事或家庭成員。

我們大多數人都會拖延，但我們沒有深入了解拖延症的來源和背後過程。了解那些太常見的、時機不對或過度的憤怒，能讓控制憤怒或幫助受制於憤怒的伴侶的目標成功一半。安全行為讓那些具有不切實際的恐懼或強迫行為的人無法擺脫束縛，也阻止他們享受人生。閱讀賽斯對於這些模式的分析非常具啟發性且內容很有意思。這是一個絕佳範例，很好地說明了心理學家們在理解「是什麼讓人行動」方面取得的進步。

有些讀者會閱讀本書重溫在個人治療過程或其他型態的療程中，遇見的認知行為治療原理與實務。從未聽過認知行為治療這個詞彙的讀者也能透過了解，從中尋找將他們從不必要、毫無生產力的情緒困擾釋放的方法，並邁向更好的生活。對於那些問題比較嚴重、考慮服用抗憂鬱及抗焦慮藥物的讀者，或已經嘗試藥物治療卻發現沒有幫助的讀者，以及那些還沒找到他們準備好合作的治療師的讀者們，本書可作為急需踏出的第一步。大部分的人能夠從中找到需要的資訊。也有些讀者即將開始探索那些使他們退縮且無法享受生命的情緒障礙的來源與解方，這將激勵他們尋找適當的專業指導或協助。如果正確的下一步是個人或團體治療，他們也可以將從賽斯書中所學或是本書中的練習運用於其中。

讓我回想我何其幸運，能有機會貢獻於賽斯成為心理學家來做

為結尾。現在換你了，這本（我得再說一次）非常有趣的指南，能提供常見情緒問題的實質幫助，以及如何克服它們的有效方法。我敦促你把握這個機遇並走向更好生活的道路。

羅伯特・德魯比斯（Robert J. DeRubeis）博士
賓州大學，文理學院
塞繆爾・普雷斯頓任期教授（Samuel H. Preston Term Professor in the Social Sciences）暨心理學系教授

作者序

　　某些時刻，我們會發現自己放不開那排山倒海的情緒。可能是對焦慮的恐懼感、讓生活蒙上一層灰的憂鬱、突如其來的恐慌、頻繁且過度的憤怒、思考和心靈都被困住的經驗。當受到情緒失衡的衝擊時，需要值得信賴且可靠的方法，來重新站穩腳步和盡快獲得緩解。

　　在我早期的臨床訓練中，我發現某些治療背後有更多的證據支持，特別是認知行為治療。我的第一位治療督導鼓勵我追求認知行為治療的專業訓練，進而使我進入賓州大學這所認知和行為治療淵源久遠的學校。在接受博士訓練時期，我專注於憂鬱症的治療上，看到憂鬱症如何將思考扭曲到有害的方向，以及認知行為治療如何重新訓練對我們有益的思考。我也發現在生活中建立更多有益的活動有強大的抑制憂鬱效果。

　　當我完成博士學位時，我非常興奮地接受了學校的焦慮症治療和研究中心的教職，該中心發展出許多絕佳的焦慮症治療方法。那四年間，我接受了關於治療使人受苦的焦慮症、強迫症和創傷的密集訓練。我看見上百個生命透過治療方案而轉變，那些治療幫助他們直視內心的恐懼。我也在那段期間裡，發現到專注於當下，用開

放且好奇的心態去面對，對於釋放焦慮和憂鬱非常有用。這種以正念為基礎的方法，以及認知和行為的技巧，獲得非常多的研究支持，使身為認知行為治療「第三波」的地位屹立不搖。

過去20年間我的身分有學生、研究者、治療師和督導，關於有效治療，我有兩個重大發現。第一，非常簡單：從事樂在其中的活動、想有幫助的事、面對恐懼、活在當下、照顧好自己。這些方法既不是什麼驚人發現也不複雜，我也努力在每個章節中保持這種簡單的特性。當我們在情緒中掙扎時，自然沒有時間、欲望或體力去逐頁翻遍該領域研究發現或鑽研其中複雜的微小差異。我們需要直接、馬上可用的選項。

第二，就比較不容易了，雖然這些有效治療具有簡易性，仍需要下一番功夫。在感到憂鬱和缺乏動力的時候，很難對喜愛的事付出更多；在對抗恐慌的時候，很難面對恐懼；心靈太過浮躁的時候，很難訓練放鬆。這也是認知行為治療發揮力量的時候，它不僅提供了努力的目標，還提供可行的技巧和系統化的計畫來幫助你達成目標。

在我的上一本書《重新訓練你的大腦：七週認知行為治療》中，以一本工具書的形式，提供一項關於處理焦慮和憂鬱的結構性七週計畫。你將發現本書就類似其簡化版，呈現治療方法最精華的部分。但相較之下，這本書的設計較符合不需要完成整個計畫的讀者，而是提供一系列快速、易達成、以研究為基礎的技巧，可以根據需求來用在處理不同的情緒困境上。

我也將這本書設計為適合從未聽過認知行為治療的讀者，你可

能正在跟治療師合作，或是曾使用過認知行為治療，並且想要一個可以定期複習的資源。無論你先前對認知行為治療了解多少，希望你必要時能常重溫本書，提醒自己怎樣能讓你有最好的感覺。

我確實認為我們所有人都需要這個提醒機制。我跟你保證，我不是從摘要和理論堆積的象牙塔中寫下這本書的，我跟所有人一樣，生活中都有喜悅和困境。所以我真的很興奮，能為你提供一套真正能幫助理解認知行為治療的簡易入門。

希望本書能幫助你過自己喜愛的生活，途中不再有任何阻礙。

第 一 章

你的認知行為
治療入門指南

近十幾年來，認知行為治療已逐漸成為處理各種心理疾病的最佳方法。在本章節中，將探索什麼是認知行為治療、其發展過程以及認知行為治療之所以有效的原因。也會討論認知行為治療如何在憂鬱症和焦慮症等特定的問題上發揮作用。

認知行為治療：入門

認知行為治療是一種聚焦於解決方法（solution-focused）的心理治療，為了盡快減輕症狀和促進福祉而設計。顧名思義，認知行為治療中包含「認知」和「行為」兩大部分。認知的部分，著重在改變有問題的思考模式；行為方面，則是幫助我們制定有益的行動。這些構築認知行為治療的材料大多是獨立發展的，在了解它們如何結合之前，我們先來個別討論每一個方法。

行為治療

　　在二十世紀上半葉，精神分析（psychoanalysis）是最常用於心理疾病的談話治療。這種方法是基於佛洛伊德的心靈理論，且常涉及經年與一位治療師定期會面，以及探索個人童年和家庭教育。

　　當無數人受益於精神分析和類似治療方法時，其他人類行為專家開始尋找更快提供緩解的方法。他們受近代關於動物（包括人類）如何學習的發現啟發，並開始運用這些原理來治療焦慮症和憂鬱症等疾病。

　　諸如精神病學家約瑟夫·沃爾普（Joseph Wolpe）和心理學家阿諾德·拉扎勒斯（Arnold Lazarus）等人的努力，促成了行為治療的發展。沃爾普和其他專家發現，個人行為的直接改變能帶來症狀緩解。舉例來說，有恐懼症的人能透過逐步面對是什麼讓他們害怕來征服自身恐懼。由於這些發展，患者不再需要花很多年的時間，在躺椅上去挖掘童年往事，幾次有目標的進行行動就能提供長期的緩解。

認知治療

　　在行為治療問世後不久，其他心理健康專家提出關於心理困難的不同解釋。精神科醫師亞倫·貝克（Aaron T. Beck）和心理學家艾爾伯特·艾里斯（Albert Ellis）皆提出，我們的思考對感受和行為有著很大的影響力。因此，他們認為我們的痛苦源於我們的思考，像是憂鬱症是由對自己和世界保持過度負面的信念所造成的（例如「我是失敗者」這種想法）。

貝克和其他最初發展認知治療的專家表示，治療首先需要辨識出那些引起問題的想法，並試著以更準確和有益的想法取代。經過練習，人們能夠發展出促進正面感受和行為的思考模式。

結合行為治療和認知治療

　　儘管行為治療和認知治療多少是獨立發展的，實際上它們彼此互補。因此，在各自發展不久後，就整合成認知行為治療。甚至連亞倫‧貝克這位認知治療之父，都在將行為技術融入認知治療中後，將他著名的治療方式更名為「認知行為治療」。這項整合對需要治療的人來說是個好消息，能讓他們接受更完整的治療方案。

　　結合這些療法也幫助我們看到思考、感覺和行為如何相互影響（參見上圖）。例如，當我們感到高度焦慮時，會傾向去想危險的事情，但這些想法會讓我們更焦慮。這些思考和感覺，反而讓我們逃避面對真正讓我們感到害怕的事，進而使焦慮加劇。一旦了解其中的關聯性，就能更容易找到改善的方法。

第三波：以正念為基礎的療法

1970年，分子生物學家喬‧卡巴金（Jon Kabat-Zinn）根據已經存在數千年的做法，開始試行一項稱為「正念減壓療法」（MBSR）的新計畫。正念是基於一種把注意力集中在當下的體驗以緩解痛苦的概念，而不是一再地思考過去發生的事或對未來感到擔憂。正念的覺察也包含刻意對現實抱持著開放的心態。

卡巴金和他的同事發現，正念減壓療法對於減緩慢性疼痛患者的痛苦也非常有效。從那時起，以正念為基礎的療法便針對憂鬱症、失眠和焦慮等病症發展和試驗。

正當認知和行為療法結合之際，以正念為基礎的療法就已被整合到某些認知行為治療的療程中。像是心理學家辛德‧西格爾（Zindel Segal）和他的同事發現，若將正念訓練併入認知治療，療程結束後憂鬱症復發的機率會降低。以正念為基礎的治療是所謂認知行為治療「第三波」的一部分，並獲得大量臨床試驗支持，因此我在本書中也納入了正念的技巧。

認知行為治療原理

在你踏上認知行為治療的旅程之前，我們先來探究它的一些原理。這將有助於引導你在過程中有效地實踐。

認知行為治療強調合作和積極參與。 當你積極定義治療目標和決定如何達成目標時，認知行為治療才能發揮最大效用。治療的實際進行，由治療師或本書等資源所引導並提供一般原理和技巧，但還需要透過合作，才能針對你的特殊需求來量身訂做各個元素。

認知行為治療為目標導向且針對具體問題。認知行為治療的運作中,很關鍵的一個部分是定義問題,讓問題變得更容易處理。明確定義對你而言重要的目標,也是整個治療中密切相連的一個步驟。往目標邁進之際,這些目標能凝聚你的能量並提供努力的動力。

認知行為治療根植於此時此刻。有些療法主要聚焦童年事件,認知行為治療專注於個人當下的思考和行動如何成為目前問題的一部分,以及改變這些模式可能帶來的幫助。儘管認知行為治療也考慮早期生活所習得的經驗,然而強調當下的特性且聚焦在我們能控制的變因上,讓它成為強大的治療方式。

認知行為治療旨在教你如何當自己的治療師。你將學到一些基本技巧來幫助你處理問題。透過練習,即使出現新的挑戰,你也能夠自行運用這些技術來解決。認知行為治療是「教你釣魚」的那種治療,治療結束後仍會伴你前行。

認知行為治療注重預防復發。學習如何保持良好的狀態是認知行為治療不可或缺的一部分,透過了解造成你焦慮、憂鬱或其他問題的因素,能幫助我們對於復發徵兆提高警覺。例如一名從憂鬱症康復的女性,能對於自己不再從事那些讓她感到舒服的活動有所警覺。掌握這些因素是認知行為治療比其他藥物治療有更低的憂鬱症和焦慮症復發率的原因。康復的患者一定要持續練習從認知行為治療建立的新習慣,就像樂手想要保持精湛的演奏技巧,就必須不斷地練習一樣。

認知行為治療有時間限制。認知行為治療的目標是在相對短的時間內提供症狀緩解。舉例來講，一個典型的憂鬱症治療方案包含16次療程，畏懼症（如恐犬症）能在2到4小時內的單次療程中有效治療。短期治療方案也能激勵患者，提供採取行動的迫切感。

認知行為治療是有結構性的。認知行為治療的治療元素是有次序的，較晚的療程構築於較早的療程之上。每個療程也都依循一致的慣例，從檢視每個療程之間如何連貫，包括一日所需治療材料開始，最終規劃如何將這些材料運用到未來的日子當中。這種有組織的取向，是認知行為治療之所以如此有效的重要關鍵。

認知行為治療能幫助你處理負面的自動化思考。認知行為治療的核心，是承認我們的思考常讓我們偏離正道。我們容易有負面的自動化思考，顧名思義，這些想法會自動產生。認知行為治療能幫助你辨認和回應這些負面的自動化思考。例如，一名剛獲得晉升的男性，可能會冒出「我永遠沒辦法好好休息了」的負面自動化思考。在認知行為治療的療程中，我們首先學會認識到自己的思考真正要傳遞的訊息，因為負面的自動化思考會下意識地發生。接下來我們需要檢驗這些思考是否正確。透過訓練，我們能夠發展出更多有益的思考方式。

認知行為治療涉及多元的技術。認知行為治療使用的技術多元程度令人嘆為觀止，包括放鬆訓練、認知重建、行為活化、接觸和冥想。認知行為治療有一部分的工作，是找出哪些技術對特定對象最有幫助。在接下來的章節中，你將會認識許多工具，並挖掘哪些對你而言最為有效。

我喜歡在「思考」（認知）、「行動」（行為）和「處於當下」（正念）的標題之下組織認知行為治療的技術，在本書中，我會不時提到這些標語。

認知行為治療運作的機制和有效原因

認知行為治療的大部分原理和實務你可能並不陌生，例如，面對我們的恐懼並克服它們，聽起來並不是什麼新鮮事，對吧？在我的實務工作中，有時案主會懷疑規劃特定的活動和留意自身的思考內容等簡單的技巧，真的能幫助治療嗎？如果真的這麼簡單，那麼他們早就都痊癒了。所以我們即將發現，認知行為治療不只關注於治療的內容，還包括如何進行治療。以下探討使認知行為治療發揮效益的面向。

解構困境

認知行為治療將大型的困境拆成更易於處理的小片段。例如強烈的憂鬱感，可以被分解為一系列較好處理的思考、感覺和行為。接下來我們可以進一步運用特定技巧到各個分拆後的小片段上，像是使用認知重建（cognitive restructuring）技巧來處理憂鬱的念頭。認知行為治療也能將難以達成的任務拆解成一系列可行的步驟。

結構化的訓練

現在我們知道要採取行動才能改善現況，但是該怎麼做呢？透

常見精神科藥物

　　憂鬱和焦慮症最常用的處方藥為選擇性血清素再吸收抑制劑（selective serotonin reuptake inhibitors, SSRIs）和苯二氮平類（Benzodiazepines）。SSRIs通常又稱為「抗憂鬱劑」，但也能用來治療焦慮。施以高劑量時，也可以治療強迫症，氟西汀（fluoxetine，又稱「百憂解」〔Prozac〕）、氟伏沙明（fluvoxamine，又稱「無鬱寧」〔Luvox〕）和舍曲林（sertraline，又稱「樂復得」〔Zoloft〕都是SSRIs類型的藥物。

　　苯二氮平類安撫神經系統的作用迅速，其作用在大腦中和酒精及巴比妥類藥物（鎮靜劑）反應的受器上，三氮二氮平（alprazolam，又稱「贊安諾」〔Xanax〕）、樂耐平（lorazepam，又稱「安定文」〔Ativan〕）和氯硝西泮（clonazepam，又稱「可那氮平」〔Klonopin〕）都是常見的苯二氮平類處方藥，除了焦慮之外，也用來治療失眠和激躁。

　　這些藥物和認知行為治療一樣都能發揮功效，不過通常在停止服藥後容易復發。有許多人受益於認知行為治療和精神科藥物併用的療法。

　　SSRIs常見的副作用有噁心、嘔吐、體重增加、腹瀉或性行為方面的問題，而服用苯二氮平類可能導致噁心、視力模糊、頭痛、意識混亂、疲倦、作惡夢或記憶障礙等。醫師在開藥時會權衡SSRIs和苯二氮平類的可能效益及常見副作用。

　　本書旨在探討認知行為治療而非藥物治療，若你欲諮詢使用藥物方面的問題，請與你的家庭醫師或精神科醫師進一步確認。

過認知行為治療系統化和結構化的訓練，能確保我們學會的緩解技巧「夠用」。例如，我們大概知道生氣時的想法都是偏頗的，在將這些想法實際寫下來的時候，我們更能仔細檢視這些想法，且在有必要的時候將之汰換。

反覆練習

認知行為治療的大部分練習都是在治療室以外的地方進行，或是對認知行為治療進行閱讀之後才開始進行。建立新的習慣並不容易，尤其患者大多都有豐富的徒勞無功治療經驗。反覆地進行練習，才能在遇到困難時，重新整理自動產生的反應。

臨床科學

證據和結果始終是認知行為治療所關注的。「這樣做有效嗎？」「這樣做的效果有多好？」因為已經有清楚的療程，可以標準化認知行為治療的內容，並比對控制組來測試結果。根據臨床試驗的成果，我們能大致掌握每個特殊病況在療程的各個階段的效果如何。近期的研究進一步發現，即便在沒有治療師的情況下，認知行為治療也確定能發揮作用。

請注意！如果你現在罹患了重度憂鬱症，有嚴重的自殘想法，或有其他重大的精神健康問題，請停止閱讀本書，主動聯絡心理學家、精神科醫師或其他健康方面的專業人士。如果你發生了精神疾病或醫療方面的緊急狀況，請撥打119或到離你最近的急診室就診。你也可隨時撥打衛福部的安心專線1925。

你要如何自助？

你必須專注於特定需求上，才能讓認知行為治療發揮最大效力。你正為低落的情緒、無法控制的脾氣、不斷擴散的擔憂或其他事情困擾嗎？讓我們來了解如何使用認知行為治療處理不同的狀況，並幫助你解決你目前面臨的特定問題。

憂鬱

當我們憂鬱的時候，思考、感覺和行為都一起陷入了無底深淵。情緒低落且缺乏動力的時候，平常喜歡的事情都很難提起勁去做。我們用負面的眼光看待自己和世界。隨著思考跟情緒變得灰暗，很可能也不再從事許多活動了，進而加深憂鬱的情緒。

認知行為治療能幫助我們破除負面思考的習慣，讓我們變得更積極。從事更多活動能讓心情更舒暢，也改善我們看待自己的觀點。正念練習能改善情緒，並使我們不那麼執著於自己的想法。這些練習加總起來，能形成在思考、感覺和行為的改善上相輔相成的良性循環。

焦慮

在乎不確定的事情的成果，很可能會讓我們感到焦慮。像是在意第一次約會的表現、面試工作能不能準時到場等，都會讓人很緊張。輕微到中度的焦慮是很正常的，其實，輕微的焦慮感可以提升我們的注意力、強化動機並為我們良好的表現提供動能。但是焦慮達到某個程度，就會適得其反。舉例來說，過度的社交焦慮反而會

干擾我們隨機應變的能力，或是使我們與他人交談時心不在焉。

　　認知行為治療提供許多處理焦慮的工具。像是漸進式肌肉放鬆（progressive muscle relaxation）和冥想等技巧，可以直接舒緩躁動的神經系統。認知技術能處理伴隨焦慮而來的過度危機感，例如害怕如果在課堂上臉紅了，就會被嚴厲地抨擊（一種社交焦慮的情境）。暴露在我們害怕的情境之下，直接去面對它，也是一種克服焦慮的有效方式。透過反覆的練習，這些情境會變得不那麼可怕或令人焦躁不安。

恐慌

　　如果你有過恐慌症發作的經驗，你就知道恐慌的感覺有多糟。恐慌就像是存在於身體和大腦內的火警警報，警報響時就像在說：很不好的事情即將要發生了！由於實際上並不存在明顯的威脅，沒有獅子在後面追，也沒有對向來車忽然駛入我們的車道，我們的大腦會去偵測內在的威脅，「我一定有心臟病」、「我快要瘋了」，有時候會覺得自己快要暈倒了。起初，大部分恐慌症的患者會畏懼可能引發恐慌的場景，特別是稀鬆平常的情境，像是開車上一座橋，或是坐在電影院裡。

　　作用於恐慌症的認知行為治療包括，在感覺快要失控的時候，學習調節呼吸，檢驗和恐慌有關的想法，像是「我快要暈倒了」這種會加重危機感的念頭，並逐步地練習更有挑戰性的情境，漸漸地讓自己在這些情境下比較自在一些。經過反覆的練習，這些技巧可以減緩恐慌症發作情形，即使是在容易誘發的場景中。我們也可以

重新建立自己與恐慌感的關係，開始看清極端焦慮本質上並未達到危險，或根本不危險。

擔憂

如果說恐慌發作的感覺像是焦慮的警報大響，那麼擔憂就像是鎖不緊的水龍頭，一點一滴地累積。恐慌症發作時是全部一次湧上，擔憂則是慢慢地消磨掉內心的平靜。我們感到擔憂時，通常根本無關乎當下發生的事。從大事到瑣事，任何事件都可能導致擔憂。長期擔憂中，最基本的問句是「如果……會怎樣？」頻繁地擔憂也常伴隨緊繃的肌肉、易怒、失眠和躁動不安。擔憂是廣泛性焦慮症（generalized anxiety disorder）的重要特性。

認知行為治療提供消除過度擔憂和緊張的一些方法。我們能訓練自己察覺到自己正在擔憂，這是一項我們通常會逃避的自我意識。一旦知道思考的根源，就更能清楚這種擔憂是否有道理。我們也能解決我們對擔憂的一些執念，幫助我們規劃未來。透過參與更多活動，以及對於我們的體驗進行正念覺察（mindful awareness），認知行為治療也能提供許多「擺脫腦中念頭」的方法。專注於當下能舒緩思緒，不會被對未來的焦慮感所佔據。最後，放鬆訓練和冥想等技巧能降低身體因持續焦慮所造成的緊繃感。

壓力

當需要因應生活中出現的挑戰時，我們能感受到壓力所帶來的那種沉甸甸的感覺。可能是家裡有人生病、工作期限快要截止、跟

他人起衝突或其他需要面對的各種處境。適當程度的壓力和焦慮都是有益的，像是幫助網球選手在具挑戰性的冠軍賽中臨危不亂。

壓力會誘發全身性反應，因為皮質醇和腎上腺素等壓力荷爾蒙會在血液系統中流動並觸發大範圍的反應。急性壓力活化交感神經系統，讓身體準備好對威脅作出對抗、逃跑或偶爾動彈不得的反應。我們的身體和思考有能力應付短暫的壓力高峰。然而，當壓力源是慢性的，如每週五次2小時的通勤時間、惡劣的工作環境、又臭又長的離婚程序，將我們的因應資源消耗殆盡。我們可能會開始常常生病、變得沮喪，或是出現當精神或身體招架不住時的其他跡象。

認知行為治療提供緩和神經系統的工具，像是特定的呼吸技巧，讓我們的戰鬥或逃跑反應（fight-or-flight）系統放鬆下來。我們也可以處理那些增加壓力的思考方式，像是將工作上的挑戰視為失敗的機會，而不是成功的機會。認知行為治療也能鼓勵我們更重視自我照護，強化我們處理頻繁壓力的能力。

憤怒

跟焦慮、壓力一樣，憤怒也是非常有用的情緒。憤怒讓我們有動力去糾正錯的事情，像是處理不公正的事。不過，一旦太常感到憤怒，導致我們的健康跟人際關係被破壞，就會變成問題。通常我們的憤怒來自一些虛虛實實的想法，像是懷疑前車司機切入車道的時候，是故意緊貼我的車，還是只是誤判了我們兩台車之間的距離？對於對方意圖的臆測會影響我們的情緒反應，以及要不要進行反擊的決定。

情緒失調相關數字

如果你深受焦慮、憂鬱、憤怒或其他情緒所困擾，你並不孤單。以下為美國成人情緒問題相關數據：

- 將近29%的人在人生中某個階段會患有焦慮症，包括畏懼症（12%）、社交焦慮症（12%）、廣泛性焦慮症（6%）和恐慌症（5%）。

- 高達25%的人一生將受重度憂鬱症所苦。

- 一年中有440萬人會經歷焦慮症，以及超過160萬人經歷嚴重憂鬱症。

- 女性經歷憂鬱和焦慮的機率比男性高出70%。

- 經歷憤怒的人當中，約有8%的情況會造成嚴重問題，男性的發生率比女性略高。

認知行為治療提供方法修正會放大憤怒的思考，也可以幫助你建構降低憤怒的生活，像是每天早上提早15分鐘出門，讓自己開車的時候不那麼有壓力及缺乏耐性。認知行為治療也幫助我們找到有建設性的憤怒表達方式，摒棄以往破壞性的表達。

在接下來的章節，我們將會探究那些能幫助你從認知行為治療中獲得力量的策略，於第二章選擇有效目標開始。

充分運用本書

這本書的設計是讓你依照需求使用，無論是局部參採或是全部運用。請隨心所欲地跳著章節尋找最適合你的技巧。不過，我建議繼續讀完關於目標設定的第二章。

我也建議在剛起步時，先從少數的技術開始操作，大概一週一兩個就好。舉例來說，如果你要應對的是憂鬱症，設定一週的時間來讓自己更積極生活就好，之後幾週還有時間來練習思考處理過程、優化自我照護及發展正念等。

當你從本書中找到適用於自己的部分，我建議你專注在這些材料上，並試著從實踐書中建議的練習來內化這些概念，強化你的學習效果。知道什麼事情能讓我們產生良好的感覺固然很好，但認知行為治療強調的是行為本身，透過實踐才會有實質的效益。

總結以上，請記得你的快樂值得你花點時間跟精力投資。你現在的付出，在未來好幾年都會看到回報。

本章小結及功課

我們在本章中回顧了認知行為治療的起源及發展，以及為什麼能有效治療憂鬱、焦慮、恐慌、擔憂、壓力和憤怒。閱讀本章的最大收穫是了解認知行為治療的運作方式，透過結構化的方式來實踐簡單但非常有效的技巧，這也正是本書的精隨。

至於實作練習，我將在每個章節最後邀請你一起進行一些功課。別被「功課」這個字嚇到了，認知行為治療的功課會讓你有更好的感受，所以你真的會想要去做，而且你能夠決定要怎麼做。

本週就從思考以下的問題開始：

- 你最希望本書能幫助你解決的問題是什麼？
- 為了舒緩問題，目前為止你做了哪些嘗試？
- 我所描述的認知行為治療，和你以前做過的嘗試相比，有什麼不同？
- 最後，你閱讀完第一章之後，有什麼感覺？

接下來的章節，你將需要一本可以幫助你記下認知行為治療作業的日記。如果你還沒準備一本，請在進入第二章之前備妥。

一旦你準備好了，我們就進入第二章，討論目標的設定。

第 二 章

設定目標

如前一章所述，認知行為治療對許多症狀都能有幫助。然而，在我們進一步將認知行為治療應用在某個特定問題之前，需要決定我們想要改變的是什麼事情。本章中，我們會專注在弄清楚你想要達到的目標。以下提供一則我與患者合作的範例，看看我們如何建立滿足他需求的最佳方法：

在傑夫的第一次晤談中，他告訴我在一場長期且嚴重的健康問題之後，他罹患重度憂鬱症且有睡眠問題。我了解一些對傑夫而言最重要的關係，包括他的原生家庭、工作經驗以及他生活中的其他面向。他也能夠辨識自己的強項，但他認為自己已經沒有那些優勢，提起這些強項時，就像在講另外一個人似的。

我更清楚了解傑夫的情形之後，我需要知道他想要從治療中得到什麼。跟大多數人一樣，他想要獲得改善，但是他想像中的改善是什麼樣子呢？他的生活會有什麼改變？有哪些事情他想要／不太想要去做？他與他人的關係品質會如何改善？簡而言之：他的目標是什麼？

第一次晤談接近尾聲時，傑夫看起來更樂觀一些。我問他感覺如何，他說其實他感覺有點興奮——甚至到振奮的程度，他已經好久沒有這種感覺了。

透過設定目標，轉化他對自身處境的不滿，並決心要改善。

我們來看看是什麼如此有助於傑夫設定目標，以及你要如何建立可以激勵自己努力的目標。

目標明確的好處

擁有良好目標的價值無庸置疑。當我們有明確想達成的願景，能較堅定地改變自己以求達成目標。就像爬山，當你能看見山頂所在之處，就更有動力繼續走，直到抵達目的地。

有目標也能幫助我們遇到挑戰時堅持到底，迫使我們為了達成目的而尋找變通之道。舉例來說，傑夫一直逃避重啟運動習慣，因為他不確定現在的健康問題是否會獲得改善。一旦他堅持達成每週運動三次的目標，他開始制定適合自己的運動計畫。這項目標也為治療進展情況提供了比較基準。我和傑夫經常在治療期間回顧他的目標，來評估我們所做的一切是否有助於他離目標更進一步。

幫助我們迎向成功的目標

考慮到你的生活以及焦慮跟憂鬱可能帶來的影響，每個目標的重要性會有些差異。我建議你在設定目標時，考慮以下幾點原則：

保持目標明確

如果目標非常模糊，很難知道你是否真正達成，像是「跟小孩更親近一些」這種目標。但如果設定「每天至少唸一本故事書給我兩歲的小孩聽」這種目標，就很明確而且很好判斷是否有達成。設定的目標應該要很容易判斷有沒有做到，所以請盡量設定得愈具體愈好。

使用「正確的工具」

如果你將目標訂得太高，就會沒什麼動力去達成，就像要踩著過重齒輪比的腳踏車爬坡一樣舉步維艱，不過，如果低速檔慢慢騎，不費吹灰之力就可以到達的目的地，這種太容易達成的目標，也不太有鼓舞作用。瞄準甜蜜點(最有效的打擊點)：能夠透過持續努力達成，且具有適度挑戰性的目標。

選擇你所在乎的目標

如果目標對我們並不重要，我們就不太可能會去達成。思考為何每項目標對你而言很重要，以及達成之後生活會如何改善。遵循這些邏輯，確保這些目標是你想要的，而不是為了滿足他人對你的期待。

實事求是

當我們深受困境好一陣子，自然會想要趕快獲得改善。可能會試著一口氣去做很多事情，並野心勃勃地設定太高的目標。如果我們的目標不切實際，就會在無法達成目標時覺得自己像個失敗者。我們可能會有個石破天驚的開始，但在原本就心神耗弱的狀態下，這一切也會衰退得非常快。

當你設定自己的目標時，將重點放在平衡紀律與關懷，維持一個標準的同時也對自己仁慈。有時候我們會設定太高的目標，覺得維持一兩天或一週不是問題，但是沒有顧慮到長期維持這種水準的活動，背後需要付出的代價是什麼。例如，我們下定決心每天都運動 1 小時，一週七天不間斷，並在頭幾天努力實現，但實際上我們並非每天都有時間、精力和動力去健身。一旦中斷了，就較為不可能再恢復運動習慣。

另一個關懷自己的表現是，在復原的過程中保持耐心。重建原本的生活是一個值得努力且能鼓舞自己的目標，但想要立刻回到以前的狀態就太過不切實際了。物理治療是一個講解情緒或精神療癒過程很好的比喻，適當的伸展跟增強會讓我們隔天感到有些酸痛，但不至於讓傷處復發或必須停止運動。所以在設定目標時，請謹記生活好比一場馬拉松而非短跑。

我們與目標之間的距離

決定目標的第一步是了解和接受，無論是你本身或是你身處的情況。這個過程中，你必須願意去面對自身的極限，而且要毫無保留和誠實地面對。

但首先，我們先來判斷你的強項。無論深陷何種處境，我們都有持續前進的力量。我常發現「尋求幫助」（無論是向他人或向本書等工具求助）這項舉動，反映出個人內在的力量，也代表我們不願意屈就。你能為這個世界帶來些什麼效益？你最好的特質或能力是什麼？你的家人跟好友喜歡你的哪些地方？隨意詢問某個愛你的人，問問他們覺得你的強項是什麼。在你往目標努力邁進時，把這些正面的特質記在心裡。接著，我們會探討如何掌握生活中六個重要領域的情況。如果你的目標涉及這六個領域，請將它們分別寫在不同張紙上，或是寫在你的日記中。

人際關係

沒有其他事物比親密關係更能影響我們的幸福，這是一條通則。沒有什麼事情能夠補償與他人缺乏連結，而且，當我們擁有強大且充滿支持的關係時，幾乎所有事情都變得可以忍受。

如果你正處於一段親密的關係中，請將與伴侶的這段關係放在首位。如果你目前單身且你的目標跟尋找伴侶有關（例如你開始約會），把這些目標寫在這個領域中，當你開始發展一段親密關係時，再回過頭對照當時寫下的內容。

- 對你和你的伴侶而言，哪些事情發展得很好？

- 哪些事情讓你困擾？

- 你和你的伴侶是否能互相滿足彼此需求？

- 你們的溝通是否良好？你是否會不計一切代價去避免外在衝突？還是你們之間會失控地爭執？

- 你對於你們的性生活品質及頻率滿意嗎？

- 你們是否有足夠的時間相處並滋潤彼此的關係？

　　現在想想其他重要的關係，包括你與孩子、父母和朋友。細數每個連結，決定各個關係中你想要改變的任何事情，特別是你能夠控制的事。例如「我會跟我的伴侶溝通我的需求」，比「我希望我的伴侶對我表示更多愛意」更屬於你能夠控制的範疇。

　　當你建構人際關係的目標時，也能幫助你思考個人的焦慮、憤怒和其他問題，如何影響你跟他人之間連結的品質。例如，當憂鬱症使你跟親近的人互動減少，試著將目標設定在花更多時間在他們身上。

信仰／意義

　　好的生活是充滿意義的，像是生活與我們的熱情所在和最重視的價值緊密連結。大部分的人會從我們跟家庭的關係去尋找生活的意義。也可能加入宗教團體，因神聖的文字和與更崇高的力量連結而感動，或透過走在森林間感覺大自然之美、練習冥想等方法，也可能產生強大的體悟和連結。無論透過什麼具體形式，我們傾向透

過連結比自己更強大的事物來找尋意義和目標。因此，請透過以下問題，思考你的熱忱所在：

- 對你而言，生命中最重要的是什麼？
- 你從事的活動和你真正在乎的事物緊密相關嗎？
- 還是說，你渴望與真正重要的事物建立連結呢？

我們來做一項很有用的練習。試著想想，你希望十年後最了解你的人會怎麼形容你？你的腦中是否出現一些詞彙或特質呢？當傑夫與我進行這項練習時，他說，希望那些人能說說他對他們所表達的愛，以及他為生活所灌注的活力，然而當他身陷憂鬱時，難以對他人展現的那些特質。你希望你愛的人怎麼形容你呢？這個問題的答案，可以幫助你在這個領域中塑造目標。

教育和工作

工作可以滿足我們基本的心理需求。透過工作，我們感覺自己是有能力的。無論你的身分是學生、上班族或全職父母。藉由工作，我們能掌握份內事務和做事的方法，滿足我們身為獨立個體的需求。我們和工作之間的關係，也會影響對與他人建立連結的需求。透過以下問題，思考你的工作狀況：

- 你喜歡你的工作嗎？甚至能從工作中找到意義嗎？
- 焦慮、沮喪或其他困境讓你難以工作，或是影響到你的工作表現嗎？

- 你的工作具有適度的挑戰性嗎？也就是不至於太容易而讓你覺得無聊，也不會繁重到讓你焦頭爛額。

請花點時間，寫下最近你發現自己與工作之間的關係如何。

身體健康

身體和心靈健康緊密連結的意識逐漸抬頭，發現兩者間會互相影響。焦慮等心理狀態會引發一連串生理反應（像是肌肉緊繃、頭痛、腸胃不適等），身體狀態如低血糖，也會大幅影響我們的思考和情緒。以下是和身體健康相關的主要面向，你的目標可能會落在這些分類中：

一般型

透過以下關於你平常感覺的問題，來評估身體健康：

- 整體而言，你的健康情況如何？
- 你是否需要處理嚴重的健康問題？
- 有沒有任何你一直向後推延的掛號？
- 有沒有任何會干擾生活的健康問題？
- 整體而言，你的健康狀態是逐漸改善、變差或是保持不變？

活動

規律的身體活動有益無害。不是只有在健身房裡揮汗才算運動，任何形式的活動都算，愈能樂在其中愈好。

- 你是否一週會適度運動個幾次？
- 當你活動時，身體的反應如何？有任何痠痛不適或行動能力受損的狀況嗎？
- 你的情緒會影響活動的程度嗎？反之亦然？

藥物、酒精或菸

對神經系統有影響的物質，也會影響我們的情緒狀態。情緒也會進一步影響我們使用這些化學物質。像是工作壓力大的時候，可能會去抽大麻，或是喝更多酒。

- 若你有使用軟性毒品、酒精或菸，你會怎麼形容自己跟這些物質間的關係？
- 你是否經常使用這些物質來因應不好的情緒？
- 使用這些物質是否導致問題？還是你能夠合宜地使用？
- 是否有人試著勸你少用或戒除？
- 你是否想對目前使用的模式做一些改變？

如果使用藥物或攝取酒精已對你的生活產生重大影響，請與你的醫師討論如何尋求專業協助。

營養

我們讓身體攝取的食物，會大幅影響我們的感覺。近年來發展出許多種飲食偏好，原始人、無麩質、全麥、生酮、地中海、南海

灘飲食法等，不勝枚舉。這些飲食法都支持攝取原形、無加工食物對身體和思考有幫助，其中包括許多蔬菜和水果。攝取大量糖份、精緻澱粉和其他高度加工食物之後，我們不會覺得自己處於最好的狀態。

- 你是否對自己經常攝取的食物種類感到滿意？
- 是否曾有醫師、營養師或你愛的人建議你作出改變？
- 你是否有意改變自己的營養攝取習慣？

睡眠

睡眠和情緒健康緊密相關。穩定的修復型睡眠讓心靈和身體都充滿活力，若缺乏睡眠則會導致相反的結果。

- 你會怎麼形容你平時的睡眠狀態？
- 你每天晚上都有獲得足夠的休息嗎？還是常熬夜，並於隔天倚賴咖啡因度過漫漫長日呢？
- 有任何事物經常中斷你的睡眠嗎？像是寵物或小孩等。
- 你正在經歷長期難以入睡的困擾嗎？或是睡眠品質很差？
- 關於睡眠，你有想要改變的事物嗎？如果有，是哪些事情呢？

家庭責任

我們每個人都承擔一些家庭責任，像是洗碗、修剪草坪等。透過以下問題思考你的份內家務。

- 有哪些事你尚未完成？
- 是否有你想要完成的項目，但一再拖延？
- 是否有事情干擾你完成份內家務？

休閒娛樂

生命不是只有責任。我們需要靠一些消遣來充電，並享受勞動後的甜美果實。

- 你閒暇時間最喜歡從事的活動是什麼？
- 工作和家庭責任，是否讓你幾乎沒有時間放鬆？
- 你情緒相關的困境，是否讓你難以享受原本喜歡的活動？

請確保你在這個領域中，有寫上一些內容作為目標。

以傑夫寫下的完整清單做為範例。你會發現有些目標比其他還具體，像是運動、換個更好的工作等。

傑夫完成的清單如下：

1 一週與朋友相聚一次
2 每晚睡足7至8小時
3 每周運動至少四次，每次30分鐘
4 找一份更有興趣的工作
5 重拾做木工的興趣，定期進行

如果執行目標的過程中需要額外說明細節，像是改善我的飲食

等，也請別猶豫並將它寫下。如果這個目標對你而言很重要，有一個大方向的開始，總比沒有好。

與你無關，是邊緣系統作祟

過去幾十年的研究，幫助我們了解大腦在情緒生成上所扮演的角色。科學家辨識出一組稱為邊緣系統的大腦結構，是情緒體驗的基礎。邊緣系統包括海馬迴、杏仁核、扣帶迴、嗅球（涉及嗅覺）、視丘和下視丘等部位。

邊緣系統中的海馬迴控制荷爾蒙系統，在引發身體壓力反應上扮演重要角色。因為有邊緣系統，我們得以感受強烈的情感、避免憤怒、形成新的記憶、有愉快的體驗，以及許多其他重要功能。

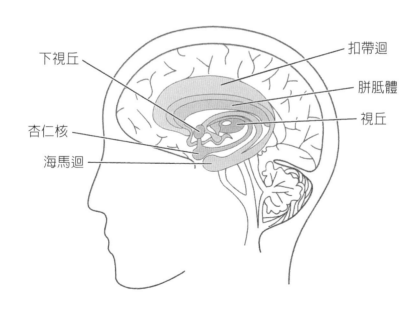

邊緣系統和部分前額葉皮質被認為有互補的作用，邊緣區域產生情緒，而前額葉皮質調控這些情緒。例如，當受到驚嚇時，杏仁核的活動會增強，當我們試著控制情緒時，會促進前額葉皮質活動。

　　有時邊緣系統可能會失衡，如創傷後壓力症候群（PTSD）和重度憂鬱症等許多精神疾病，與杏仁核過度活動有關。

　　當人處於情緒困境時很容易自責，畢竟，受到影響的是我們的感覺和行為。同時，我們也經常高估自己對大腦功能的控制。例如經歷重大創傷之後，海馬迴可能產生變化，但那和我們的意志力及個性是否堅強無關。

　　許多我們無法控制的外在因素會影響大腦跟情緒。舉個例子，我和賓州大學的同事發現，腦部活動會隨著基因差異、當下情緒、天氣變化而改變，根據瑪莎・法拉（Martha Farah）的研究顯示，甚至連貧窮都有影響。有時我們被神經系統受到刺激時的反應而支配。

　　但我們不僅僅是大腦狀態的被動接受者。無法控制的經歷會形塑大腦的樣子，同樣地，我們也能透過選擇思考和行為模式來重塑大腦。例如透過定期冥想練習，我們能改變大腦的結構（真的就是字面上的意思），我們也能透過一些特定的療法，來讓過度活化的邊緣系統平靜下來，並強化前額葉皮質關鍵區域的活性。

　　好消息是，既然我們無法選擇自己的大腦，也不能控制發生在我們身上的所有事情，我們能夠「以其腦之道還至其腦之身」，用大腦來治癒大腦。在從事認知行為治療的活動中，請謹記你正在改造你的大腦。

本章小結及功課

　　本章重點在於設定目標，你想透過認知行為治療達成什麼目標？我們審閱主要的生活領域，幫助你思考哪些部分進行得很順利（包括你的強項），哪些部分你希望能看到一些改善。這些領域包含基本生活功能，像是飲食和睡眠，以及信仰和意義等較高階的因子。雖然我們會各個領域分開來看，但是它們之間會彼此影響，像是較充足的睡眠也能幫助改善人際關係。要特別在本章中節說明的是，健康有許多面向，需要全面地思考，有哪些方法可以支持我們成為最好的自己。

1 請花一些時間回顧本章中學到的內容。你是否發現更多關於自己的事，以及對你而言重要的事物為何？

2 確認你已將目標寫下，讓目標更顯著且更容易記得。

3 小心思考你設定的目標，是否足夠鼓舞你？是否夠具體？是否具適度的挑戰性？

4 建議將目標貼在顯眼處，並在接下來的日子裡經常回顧它。

5 也請跟你愛的人、能支持你的人討論你的目標，了解他們的看法，也給自己一些責任感。透過告訴他人自己的目標，能夠提高自己堅持下去的動機。

6 最後，如果你想到其他目標，把它們加到清單中。

第三章

行為活化

當憂鬱症發作時，我們經常因為沒有動力和失去興趣而不再從事許多活動。雖然這種反應是可以理解的，但這也經常導致更嚴重的憂鬱症狀。

貝絲的憂鬱症開始得無聲無息，她甚至沒有發現。

新工作的責任和小孩新學年開始，讓她蠟燭兩頭燒。接著她的母親生病了，讓壓力更上一層樓，也使她的時間更為壓縮。當她開始感到疲憊時，便放棄了日常運動，試著藉此保留體力。她也發現自己更難保持專注，因此停止了每晚睡前閱讀的習慣，而且幾乎很少跟朋友相聚了。以前一週會有幾天跟同事共進午餐，現在她都拒絕同事的邀約，寧可待在辦公桌前。

週末的時候，貝絲偶爾會在戶外坐著，看著樹木和小鳥；有時候她會和先生一起看電視劇。除此之外，她幾乎整天都在處理公司、家裡的大小事務，以及照顧生病的母親。

憂鬱症讓許多患者的生活圈變小，貝絲也是其中之一。因為她很少從事娛樂活動，使她的情緒變差，且她開始認為

自己無法運動或跟朋友相聚。她仍然可以處理工作事務，但很難從生活中找到喜悅和樂趣，也覺得自己在過去一年已經老了十歲。貝絲期待能夠感覺好些以便找回以前的活力。

貝絲的情況正是憂鬱症的典型誘發環境：情緒負擔過重且沒有什麼娛樂活動。良好的感覺倚賴處理要務和享受娛樂之間的平衡，或是引用亞倫·貝克博士所言，我們都需要「愉悅（pleasure）與成就（mastery）的感覺」。

如果只追求享樂卻忽略應盡的責任，就無法建立成就感。反之，工作之餘也需要玩樂來平衡生活。幸運的話，我們所從事的活動可能兩者兼具，例如有些人覺得下廚能滿足兩方面的需求，既是一種愉快的美好體驗，同時也是養家活口所必需。

我為何會逃避這些活動？

考量貝絲的行為會造成的長期和短期後果，那麼她不再進行一些活動的現象便有跡可循。舉例來說，當同事邀請她共進午餐，她想到對話要花的力氣和可能被問到關於近況的問題，覺得難以招架，於是在辦公桌上吃午餐成了較安全和可掌控的選擇。每次她關上辦公室的門獨自用餐時，她會感覺鬆了一口氣，進一步強化她避免那些活動的模式。

同時，貝絲也漸漸忘記和工作夥伴一同用餐的好處。剛開始可能會覺得尷尬，但她以往總是很享受團體用餐的經驗，回到辦公室後，整個下午都感到精神奕奕。現在，她不再有那群朋友能提供的支持。

共進午餐的邀約

	短期效果		長期效果
拒絕 →	放鬆、較不費力	⟶	孤立、沮喪
接受 →	焦慮、需要付出	⟶	享受、獲得支持

兩項導致逃避活動的重要因素：

1 躲避認為困難的事所帶來的放鬆感
2 參與活動沒有獲得回饋，於是參與的動力逐漸降低

行為活化治療，就是為了中斷這些模式而設計。

採取行動

　　大部分的人跟貝絲一樣，總是等待良好的感覺產生，好讓我們重拾過往的興趣。然而，更有效率的做法是，逐步進行一些能帶來回饋的活動，即便我們並不想去做。我們對這些活動的興趣會慢慢恢復，這種做法是活化憂鬱症患者行為的基礎。

　　若把它想成啟動一項運動計畫。起初，你可能沒什麼動力去健身房。你的身體對於運動還不適應，而且比起回饋的感覺，痠痛的感覺還比較強烈。但若堅持下去，情況會開始轉變。你開始享受運動產生的腦內啡所激發的愉悅，覺得自己更有活力，這讓你更有動力繼續健身，你也可能會期待跟健身房的新朋友碰面。但如果等到

有想運動的感覺才要開始運動，你可能就不會運動了。行為活化就是以相同的道理運作的。

「感覺似乎主宰採取行動的決定，但實際上，行動和感覺相輔相成；透過更直接地掌控意志來調整行動，我們能間接地調節感受，而感受是無法被掌控的。」——威廉·詹姆士（*William James*，1911）

達成目標的策略

在前一章節中，你已辨識自己的重要目標。行為活化提供一項系統化的計畫，做為達成這些目標的關鍵之一。

五年前史蒂芬患有重度憂鬱症且已透過認知行為治療治癒。後來他經歷同一時間面臨許多挑戰的情境，也覺得自己又開始要沉沒在憂鬱之中。但他知道，是時候運用他在療程中所學到的技巧。

第一步：澄清各個生活領域的價值

行為活化的第一步，是決定在某一個欲改變的領域中，哪些事情是重要的。當我們對自我的價值有清楚的認知時，就更能夠找到相關的獎賞活動。

史蒂芬在人際關係上設定一些目標，過去幾個月他的人際關係經營得並不好。當他想著這些目標時，他認識到向伴

侶表達愛意對他而言非常重要，他也很在乎孩子是否感到被重視，以及和朋友一起嘗試新鮮事的體驗。

檢視你的目標，它們屬於哪些領域？在這些領域中你重視什麼？你可以將各個生活領域中所重視的事情，寫在第 37 頁的「價值與活動」表上。我們會在下一個步驟中討論活動，所以那一格可以暫時空白。

如果發現準確地描述價值對你來說很難，不用遲疑，可以直接進行第二個步驟並開始進入活動。有些時候，從喜歡做的事情來反推我們重視的價值，會比直接定義價值來得容易。例如根據我所列出的活動，我可能會發現原來認識新朋友對我來說很重要。一旦認識到這個價值，就能夠幫助刺激我們想出其他認識新朋友的方法。

我們所重視的價值，能幫助我們想出支持產生價值的活動，而我們發現到具有獎賞作用的活動，能使我們了解到自己重視的事情。

價值與活動表

人際關係

價值：＿＿＿＿＿＿＿＿＿＿＿＿＿＿＿＿＿＿＿＿＿＿＿＿
  活動：＿＿＿＿＿＿＿＿＿＿＿＿＿＿＿＿＿＿＿＿＿＿＿
  活動：＿＿＿＿＿＿＿＿＿＿＿＿＿＿＿＿＿＿＿＿＿＿＿
  活動：＿＿＿＿＿＿＿＿＿＿＿＿＿＿＿＿＿＿＿＿＿＿＿
價值：＿＿＿＿＿＿＿＿＿＿＿＿＿＿＿＿＿＿＿＿＿＿＿＿
  活動：＿＿＿＿＿＿＿＿＿＿＿＿＿＿＿＿＿＿＿＿＿＿＿
  活動：＿＿＿＿＿＿＿＿＿＿＿＿＿＿＿＿＿＿＿＿＿＿＿
  活動：＿＿＿＿＿＿＿＿＿＿＿＿＿＿＿＿＿＿＿＿＿＿＿

信仰／意義

價值：＿＿＿＿＿＿＿＿＿＿＿＿＿＿＿＿＿＿＿＿＿＿＿＿
  活動：＿＿＿＿＿＿＿＿＿＿＿＿＿＿＿＿＿＿＿＿＿＿＿
  活動：＿＿＿＿＿＿＿＿＿＿＿＿＿＿＿＿＿＿＿＿＿＿＿
  活動：＿＿＿＿＿＿＿＿＿＿＿＿＿＿＿＿＿＿＿＿＿＿＿
價值：＿＿＿＿＿＿＿＿＿＿＿＿＿＿＿＿＿＿＿＿＿＿＿＿
  活動：＿＿＿＿＿＿＿＿＿＿＿＿＿＿＿＿＿＿＿＿＿＿＿
  活動：＿＿＿＿＿＿＿＿＿＿＿＿＿＿＿＿＿＿＿＿＿＿＿
  活動：＿＿＿＿＿＿＿＿＿＿＿＿＿＿＿＿＿＿＿＿＿＿＿

教育和工作

價值：＿＿＿＿＿＿＿＿＿＿＿＿＿＿＿＿＿＿＿＿＿＿＿＿
  活動：＿＿＿＿＿＿＿＿＿＿＿＿＿＿＿＿＿＿＿＿＿＿＿
  活動：＿＿＿＿＿＿＿＿＿＿＿＿＿＿＿＿＿＿＿＿＿＿＿
  活動：＿＿＿＿＿＿＿＿＿＿＿＿＿＿＿＿＿＿＿＿＿＿＿
價值：＿＿＿＿＿＿＿＿＿＿＿＿＿＿＿＿＿＿＿＿＿＿＿＿
  活動：＿＿＿＿＿＿＿＿＿＿＿＿＿＿＿＿＿＿＿＿＿＿＿
  活動：＿＿＿＿＿＿＿＿＿＿＿＿＿＿＿＿＿＿＿＿＿＿＿
  活動：＿＿＿＿＿＿＿＿＿＿＿＿＿＿＿＿＿＿＿＿＿＿＿

身體健康

價值：＿＿＿＿＿＿＿＿＿＿＿＿＿＿＿＿＿＿＿＿＿
  活動：＿＿＿＿＿＿＿＿＿＿＿＿＿＿＿＿＿＿＿＿＿
  活動：＿＿＿＿＿＿＿＿＿＿＿＿＿＿＿＿＿＿＿＿＿
  活動：＿＿＿＿＿＿＿＿＿＿＿＿＿＿＿＿＿＿＿＿＿
價值：＿＿＿＿＿＿＿＿＿＿＿＿＿＿＿＿＿＿＿＿＿
  活動：＿＿＿＿＿＿＿＿＿＿＿＿＿＿＿＿＿＿＿＿＿
  活動：＿＿＿＿＿＿＿＿＿＿＿＿＿＿＿＿＿＿＿＿＿
  活動：＿＿＿＿＿＿＿＿＿＿＿＿＿＿＿＿＿＿＿＿＿

家庭責任

價值：＿＿＿＿＿＿＿＿＿＿＿＿＿＿＿＿＿＿＿＿＿
  活動：＿＿＿＿＿＿＿＿＿＿＿＿＿＿＿＿＿＿＿＿＿
  活動：＿＿＿＿＿＿＿＿＿＿＿＿＿＿＿＿＿＿＿＿＿
  活動：＿＿＿＿＿＿＿＿＿＿＿＿＿＿＿＿＿＿＿＿＿
價值：＿＿＿＿＿＿＿＿＿＿＿＿＿＿＿＿＿＿＿＿＿
  活動：＿＿＿＿＿＿＿＿＿＿＿＿＿＿＿＿＿＿＿＿＿
  活動：＿＿＿＿＿＿＿＿＿＿＿＿＿＿＿＿＿＿＿＿＿
  活動：＿＿＿＿＿＿＿＿＿＿＿＿＿＿＿＿＿＿＿＿＿

休閒娛樂

價值：＿＿＿＿＿＿＿＿＿＿＿＿＿＿＿＿＿＿＿＿＿
  活動：＿＿＿＿＿＿＿＿＿＿＿＿＿＿＿＿＿＿＿＿＿
  活動：＿＿＿＿＿＿＿＿＿＿＿＿＿＿＿＿＿＿＿＿＿
  活動：＿＿＿＿＿＿＿＿＿＿＿＿＿＿＿＿＿＿＿＿＿
價值：＿＿＿＿＿＿＿＿＿＿＿＿＿＿＿＿＿＿＿＿＿
  活動：＿＿＿＿＿＿＿＿＿＿＿＿＿＿＿＿＿＿＿＿＿
  活動：＿＿＿＿＿＿＿＿＿＿＿＿＿＿＿＿＿＿＿＿＿
  活動：＿＿＿＿＿＿＿＿＿＿＿＿＿＿＿＿＿＿＿＿＿

行為活化所追求的價值為何？

「價值」一詞具有許多不同的意思。在行為活化過程中，它所代表的僅是對你而言重要的事，就這麼簡單。行為活化能幫助你將這些價值分類到不同的生活領域中，讓它們更容易被辨識。請謹記以下幾點：

- 價值無所謂終點，而且與目標和活動不同的是，它們將持續無限期地存在。

- 它們通常是當下正在進行的狀態，例如當一個好朋友、享受大自然和探索這個世界。和活動相反，活動是有期限的，例如報名一堂花藝課程。

- 價值通常和自我意識緊密相連，因為它反映出我們想要成為什麼樣子的人。

- 它們可以具有非常宏大的意義，也可以非常一般，取決於你。

- 每個人都有自己的價值定義，而且每個人所重視的價值，可能有極大的差異。

第二步：找出帶來生活價值的活動

史蒂芬想起以前他感覺較好時，對伴侶表達愛意的方式，像是在夜晚輕揉她的肩膀，以及週末為她準備早餐。他開始將這些想要更常去做的事情列成清單。

請想一想並找出屬於這些價值的活動，並將它們寫在價值與活動表上。確保這些事情很有可能為你帶來喜悅或成就感，否則就沒有獎賞作用。如果這些活動此刻還無法達成也沒有關係，有點難度是好的，包括達成目標的困難等。如果這些活動感覺很平凡也無妨，復原之路上的任何小小成就都很重要。

如果你對於第一步的價值觀辨識感到有困難，請看一下你的活動清單能否提供任何線索。接下來，你可以運用你辨識出的價值來找到其他活動。

進行行為活化時，請不要淡化玩樂的重要性。有時我們認為享樂是一件輕浮的事，有許多比玩樂更重要的事情。事實上，找尋喜悅是一件正經事，也是舒緩憂鬱症的絕佳做法之一。

第三步：評估每個活動的困難程度

你可能已經在進行你所寫下的某些活動，而且覺得還蠻簡單的；有些活動感覺此刻遙不可及，其他活動則落在這兩種極端中間。我喜歡使用簡易三點評分法來衡量困難程度，1是簡單、2是適中、3是困難，不過你可以使用任何你覺得有用的評估方式。最重要的是運用一套方法比較活動的難易程度。

史蒂芬發現花時間陪小孩玩是容易的，而安排與妻子來場約會則需要下更多功夫。他知道自己得努力規劃週末家族旅行，且覺得這項任務超級複雜。史蒂芬將這些活動分別評分如下：

活動	困難程度
和孩子玩	1
約會之夜	2
週末家庭旅行	3

完成你的活動清單,並將各個活動評分。如果你發現有些項目未來還不知道會有多難達成,先填一個最有可能的選項就好。

第四步:安排完成順序

現在你已大抵掌握每個活動的難易程度,再來,請你決定要先開始進行哪幾項。先選其中的5至10項當做起頭,不用每一項都排序。接下來就可以遵循排序表來進行,不會因為次序混亂而失去動力。次序也可隨時調整。納入不同生活領域的活動可帶來更多元的獎賞。

第五步:將活動排定日期

愈具體的活動時程和執行方式,愈有可能完成:

- 指定每項活動的執行時間並寫在行事曆上。將活動與每日最適時間進行配對。例如,如果你是晨起型的人,把運動安排在早上進行的效果會不錯,但對夜貓子就不能這樣安排。
- 至少提前一天規劃隔天活動,這樣你一醒來就會掌握今日的排程。

- 較大規模的活動可能須拆解成較小步驟並各自安排時程（參見第46頁「拆解大型任務」）。

如果你不願意將活動放入行事曆，也請試著去做，看看效果如何。如果安排一段特定的時間全心投入，會比較有可能完成任務。否則很容易一再拖延。

第六步：完成活動

完成每項活動的時程安排後，盡全力依照規劃內容完成。剛開始可能特別困難，因為你還沒有什麼動力。請記得，每完成一項具有價值的活動，都使你離目標更進一步。

在完成每項活動之前，讓自己盡可能地身處其中。例如，當你在健身房的時候，請好好地體驗當下，細細品嘗你的感受，專注於每個聲響，讓自己完全沉浸其中。這種專注的程度能幫助達到活動的最大效益，也有益於擺脫有問題的思考，像是過度擔憂等。這些概念會在第六章詳述。

將行為活化運用到目標上

行為活化和達成你的目標密切相關。本章將探討這項方法的結構，與你所設定的目標之間有何關聯。

史蒂芬的第一目標是改善自己最親近的關係。當他開始進行行為活化時，他專注在和家人、密友相關且較為容易的活動上。過程中他也發現，必須先照顧自己的需求，才能變成他想要成為的丈夫、父親和朋友。例如，他發現每週去幾次健身房並且吃得更健康時，他對其他人會更友善，因此他將這些活動列入清單。

價值帶來目標，達成目標的方法是計劃與完成特定活動。請思考與你的價值和活動相關的目標，以及完成這些活動是否能幫助你達成目標。

建立達成目標的作戰計畫

行為活化提供按部就班地達成目標的方法。如同團隊目標是在比賽中奪冠，每場競賽都要擬定計畫才能實現目標。因此，你設定的目標會引導活動的選擇，而所選擇的活動會幫助你離目標更近。對史蒂芬而言，「作為一位投入的家長」此價值引發了「每天至少

唸一本故事書給我兩歲的小孩聽」這個目標。為了達成此目標，他計劃具體的活動：「每晚睡前唸書給我兩歲的小孩聽」。

逐步實現目標

在行為活化療程中，會透過建立一系列愈來愈有挑戰性的步驟，幫助你達成最終目標。例如，某人的最終目標是每天健身45分鐘，一週五次。這種運動強度在行為活化中可列在困難等級3，因此，剛開始可以設定較緩和的活動，像是每天輕度健身15分鐘。在比較容易的初始步驟中所獲得的成就感，是難度較高（回饋較多）的活動的基石。

宏觀思考

史蒂芬發現，生活中的每個領域並非各自獨立存在。和思考、感覺、行為間彼此緊密連結一樣，我們的生活領域也相互影響：

- 工作或人際壓力影響睡眠。
- 朋友堅定不移的支持和關心，加深你對人性的信任。
- 與成癮症抗戰，幾乎會影響個人生活所有領域。
- 週末放鬆能增加週一上班的生產力。

在構思能幫助達成目標的活動時，請用三維的模式思考。例如，承擔家庭責任是否影響你的人際關係？吃得更健康是否能幫助你更有工作生產力？生活各個領域的提升可能有相輔相成的效果。

跨越阻礙

行為活化是治療憂鬱症的主流方法之一，部分原因是它如此地簡單。然而簡單不代表容易，即便是遵循前述步驟，也會有無法完成計畫的時候。當這樣的情況發生時，首先請記得要對自己有包容心。記得你是人，不是機器，且執行這些步驟是有難度的。

包容心的部分內涵是了解我們的思想如何運作，並創造出讓我們成功的條件。當然我們也可以一面批評自己，一面努力發揮意志力來完成活動。不過要完成計畫，可以採用更好的策略。讓我們來看看以下幾項最有效率的做法：

確保任務有獎賞

無法從任務中獲得滿足感，往往是我們未能完成任務的原因。例如我們可能決定要維持跑步習慣，但事實上，我們一直都很討厭跑步。或者試著從事某種以前喜歡的活動，但是我們的興趣改變了。

若你發現未能完成自己所設定的任務，請想想你必須完成這項任務的原因是什麼？究竟是這項活動有其價值，但你未能激勵自己去完成呢？還是這項活動根本就不適合你，所以才沒有動力呢？如果你判斷一項任務並沒有獎賞作用，請選擇另一項替代方案，或許你以前喜歡讀傳記，但現在更喜歡小說。請順著心之所向走。

拆解大型任務

另一項我們無法完成計畫的原因是它感覺遙不可及。我們可能對相關活動很有興趣，也認為活動有獎賞作用，但就是沒辦法提起勁去完成。

> 史蒂芬本來打算進行花園的秋季大掃除，但總是沒有著手進行。他發現這項工作讓他很壓力很大，目前為止，要進行的工作已經包括把葉子耙成堆、修剪草坪、清理菜園和許多其他工作。史蒂芬決定整理一張清單，將需要完成的任務分別寫下，並僅挑選其中一項來作為起頭。在他成功清理菜園之後，他決定既然都著手了，就繼續進行清單上的幾項其他任務。

當我們努力變得更活躍時，動力就變得愈發重要。我們可以效仿史蒂芬，將任務規模設定得小一些，以利著手進行，當你檢視你所列出的活動時，檢查其中是否需要拆解成較小部分。運用你的直覺作為指標，亦即，想像你正在進行一項活動，你是否有抗拒或恐懼感？如果有，將其拆解成更好處理的片段。不用在意是否拆得太小，只要能夠作為起頭。像是整理庭院的工作，可以從「找到我的工作靴」開始。無論步伐多麼不顯眼，重要的是找到前進的道路。

規劃特定時間進行活動

如果你很難完成任何一項任務，請確保你預留進行的時間。因為排程不確定，或是希望有點彈性空間，有時候會抗拒具體地規劃

活動。又可能我們對活動的感覺五味雜陳，在不想進行活動的時候，空白的時程便是我們會給自己的藉口。如果把活動放入行事曆中，能夠增強我們完成它的決心。設定鬧鐘也是很好的做法，能夠提醒什麼時候應該要進行活動。此外，也請不要過度規劃活動，重建生活才是當務之急。

對自己負責

寫下你的計畫並將之存入你的行事曆中，可以增進對自己負責任的態度。我們也能透過向他人負責，來提供我們堅持下去的力量。像是我治療的患者常說，需要向我「報告」進度，給他們更多回饋，也幫助他們完成功課。

你很難完成的活動，是否有對象可以傾訴？慎選一位可信任的夥伴，最理想的人選是能夠鼓勵你，且在無法完成任務時也不會批評或懲罰你的人。如果這個人希望能加入你的活動也很好，像是可以一同進行午休散步的同事。透過承擔責任能夠幫助你保持一致。

一次專注於完成一項任務

當事先計劃許多活動時，活動清單可能會讓你感到有壓力。完成第一項活動後，我們並非感到開心，而是一心想著還有其他九件事情要完成。如果你對未來任務感到擔憂，請記得唯一需要處理的事，就是當下正在進行的事。一次專注一件事情還有一項好處，就是幫助你充分利用經驗中所學，將獎賞價值提升到最高。

處理有問題的思考

一旦認知行為治療的模型明確建立,我們的行為就能貼近思考和感覺。然而,有些想法可能會阻礙我們進行計劃中的任務。

> 史蒂芬發現自己會這樣想:「或許今天就不去健身房了,反正大概也不會讓我感覺有任何改善。」當懷有這個念頭時,他想起有幾次從健身房回來之後,情緒變得更好的經驗。於是他還是決定去運動,並把這當作是一項實驗,看看是否實際上會有幫助。

有些想法會限縮從完成任務中獲得的成就感,例如「這任務太簡單了吧,等遇到難一點的事情我再來努力」,這種想法會降低完成任務所獲得的成就感。只要方向正確,你所踏出去的每一步都很重要,即便是很小的進展,也請將之視為成就。

如果你發現某些想法正在干擾行為活化的過程,我鼓勵你閱讀本書第四章:辨識和中斷負面思考模式。

追蹤你的活動

在進行行為活化時,持續記錄你所花費的時間是很有用的。你可以使用第50-51頁的每日活動表。

持續追蹤我們的行為有以下幾點好處:

- 將注意力放在行事曆上,能使我們更有動力。
- 你會發現某些特定時間,能夠安排有獎賞性質的活動。

- 你可以追蹤接下來幾週的進度。
- 你可以使用相同表單來安排和記錄對你而言有價值的活動。

本章小結及功課

　　本章重點為行為活化，一項對於重建生活和振奮情緒很有效率且簡單的方法。透過系統性的計畫，將具有獎賞作用的活動融入生活中，進而讓我們更滿意及更享受生活。我們也提供行為活化過程中遇到阻礙時的應對策略，而且都是容易達成的方法。

　　接下來的章節中所提到的技術，都可以運用在行為活化上。像是中斷負面思考模式、克服拖延症及練習自我照顧。

　　現在，你已準備好進行以下事項：

1 使用每日活動表追蹤你的活動。
2 依循上述的六個步驟來為每天建立有價值的活動。本週可先進行第一至第四步，後面幾週再來安排活動。
3 從簡單的活動開始，每日選擇完成一至兩項活動。
4 採用能幫助你堅持下去的策略。
5 持續從清單中選擇活動，並將之寫在你的行事曆上。定期確認這些活動是否和你的價值相符。
6 一旦有新的活動和價值，將它加到清單中。
7 我想對你說……盡情享受吧！

每日活動表

本日活動：＿＿＿＿＿＿＿＿＿＿

時間	活動	樂趣 （0-10）	重要性 （0-10）
早上 5:00-6:00			
早上 6:00-7:00			
早上 7:00-8:00			
早上 8:00-9:00			
早上 9:00-10:00			
早上 10:00-11:00			
早上 11:00- 中午 12:00			
中午 12:00- 下午 1:00			
下午 1:00-2:00			
下午 2:00-3:00			
下午 3:00-4:00			
下午 4:00-5:00			

時間	活動	樂趣 （0-10）	重要性 （0-10）
下午 5:00-6:00			
下午 6:00-7:00			
晚上 7:00-8:00			
晚上 8:00-9:00			
晚上 9:00-10:00			
晚上 10:00-11:00			
晚上 11:00- 午夜 12:00			
午夜 12:00- 凌晨 1:00			
凌晨 1:00-2:00			
凌晨 2:00-3:00			
凌晨 3:00-4:00			
凌晨 4:00-5:00			

我今日的情緒評分（1-10）：＿＿＿＿＿＿＿＿＿＿＿＿

你可以上網下載此表單，網址為：CallistoMediaBooks.com/CBTMadeSimple。

第四章
辨識和中斷
負面思考模式

在前一個章節中，我們聚焦於行為本身。現在將焦點轉向另一項認知行為治療的核心技術：照顧我們的思考。

蘇珊過去一年過得很辛苦。工作上她所負擔的責任變得非常重，同時她也發現自己在婚姻中被狠狠地背叛。於是她好幾個月都無法入眠，現在感到不堪負荷且憂鬱。

在她最近的績效評估會談中，蘇珊的老闆說她表現不佳，這令她感到灰心。她和朋友凱西在午餐時聊到這件事，還很難為情地哭了出來。蘇珊說：「我的家庭生活一團亂，我的工作表現很糟，我覺得自己非常無能」。

在談話過程中，凱西幫助蘇珊轉念，去思考其他事情，像是提醒蘇珊，她現在有更多工作責任，是因為她在工作上獲得好評及相應的升遷。這段對話讓蘇珊有了不一樣的觀點，也提振了她的心情。

在本章節中，我將請你來擔任蘇珊的朋友——但是談話的對象

是你自己。請先傾心專注地聽自己說的話，這樣做可以幫助你辨識出哪些是假話、哪些話半真半假，這些謊言都可能對你的情緒產生很大的影響。

要找出他人言語中的破綻，比點破自己還要容易許多。如果角色互換，蘇珊也能清楚地告訴凱西，她的表現比她自己所想的要好多了。我們很容易有思考上的盲點，因此我要告訴你一項結構化的方法，用來監測和挑戰我們的負面思考模式。

思考的力量

想法看不到、聽不著、無法丈量，卻有著足以撼動天地的力量。我們一整天的心情，可能深受我們詮釋一件憾事的方式所影響。思考也深刻地影響我們的行為，讓我們決定要原諒或是報復，參與或是撤退，堅持不懈或是放棄。無論你正經歷著什麼困境，你的思考會決定你是否因此而苦惱，或甚至深陷其中。

認知行為治療中，這些令人苦惱的想法稱為「負面自動化思考」，因為它們自動生成，而非由我們所引起。這就像是想法本身有自己的思考能力，而某些事件會引發這些自動化的思考。雖然這些想法會為我們帶來不必要的痛苦，但只要善加利用，也能幫助治癒我們。「利用」這個說法完美地詮釋我們的舉動，因為它有控制某件事情，使其帶來用處之意。我們將在本章節及下一章節中提到，我們非但能夠控制想法，不讓它擊潰我們，更能利用它來重振旗鼓。

回到剛才的蘇珊，某天她過得很辛苦，在雨中開車回家時撞上了前方車輛的車尾。在她與對方司機（態度不是很好）處理完事故之後，她坐回車內，並且做了我們大部分的人——在令人不愉快的事情發生之後——會做的事：讓此事縈繞在腦海中。

剛開始她想：「我又搞砸一件事了，現在保險費率又要被提高了。」然後想起她的朋友凱西，並思考如果是凱西發生這種小車禍，自己會對凱西說些什麼？當然不會是剛才那個自我對話的內容。她想像著自己對朋友說：「那天下雨，妳上一整天班很累了，又急著回家。是人都難免犯錯，別苛責自己了。」

當她從被雨水打得唏哩嘩啦的窗戶望出車外時，她感覺始終皺著的眉宇稍微放鬆了。她想著：「凱西說的話或許有道理，或許我沒有自己想得那麼糟。」想到對方司機氣急敗壞的樣子，她甚至還笑了出來。對於自己在與對方交換保險資訊時還能保持冷靜，她感到很驕傲。她積極的態度也讓對方口氣變得好些。「我想我應對得還不錯」，開回家的路上，她對自己這麼說。

我們的想法通常對我們有益，幫助我們作出明智的決定。但有些時候，我們的想法會變得偏頗。心理學家證明了人類有許多根深蒂固的偏見，當我們經歷如憤怒或沮喪等極端的情緒狀態時，這些偏見尤其明顯。

例如，我可能會認為某人刻意要使我難堪，但事實上他們完全沒有惡意。我們愈常有這種思考偏差，就愈有可能會患上如重度焦慮症等疾病。讓我們來想一個能辨識及處理這些思考偏差的策略。

如何辨識有問題的想法

如果負面思考模式出現時能先知會一聲：「嘿，過度負面的想法要來了，別把它當真。」就太好了。不過，我們通常假設我們的想法不偏不倚地反映出現實的樣貌。「我只會令人失望」這種想法看起來就跟「地球是圓的」一樣客觀。

也因此，我們要智取我們的想法才行。幸好我們的大腦不只會製造思想，還能夠覺察並評價它們。但是，在我們源源不絕的想法中，哪些我們應該需要去關注呢？

以下是一些有問題的想法可能出現的跡象：

你感到負面情緒忽然襲來。或許你忽然感到鬱悶，或焦慮忽然襲來，或感到怨氣積聚。這時如果我們能關注這些負面情緒，我們就更能覺察哪些想法會影響我們的情緒。

不好的感受揮之不去。思考模式可能會讓人陷入情緒的泥沼。像是你可能覺得自己整個早上都很煩躁，或整天都感到很惶恐。很可能是你的想法在營造這種感受。

你很難付諸行動以實現目標。可能你無法持之以恆地進行原先擬定的計畫，或是你總有理由逃避自己的恐懼。例如，一名學生可能一直拖延、不完成功課，因為總是想著「反正又做不好」。相反地，正確的想法能推動我們付諸行動。

思考偏差

亞倫・貝克、大衛・柏恩斯（David D. Burns）等精神科醫師整理出一份關於思考偏差的一份列表，並將這種偏差稱為「認知扭曲」（cognitive distortions）。以下摘要常見的思考偏差類型。

思考偏差	說明	範例
非黑即白的思考	用極端的方式看待事情	「如果我這次考不好，我一定是個大白癡。」
「必須如此」的思考	執著於事情應該依我們認為正確的脈絡發展	「我一定要有耐心」
以偏概全	把單一事件當作是事情的全貌	「我不知道這次考試中第一題的答案，所以我大概其他的問題也都答不出來。」
災難化	把事情想得太糟	「今天有位客戶對我大發火，所以我的老闆可能會開除我。」
忽視正面回饋	忽視明明能推翻個人負面自動化思考的事實	「我約她出去，她說『好』，只是在可憐我吧。」
情緒化推理	誤以為我們的感受傳遞出實用的資訊	「我搭飛機會緊張，很可能是因為這班飛機會墜機。」

思考偏差	說明	範例
作出預言	僅根據微薄的資訊就預設結論	「這間租車公司八成沒有車可以租給我了吧。」
預設他人想法	認為我們總是知道他人在想什麼	「我一直搞不定投影片,他們應該在想我看起來跟蠢蛋一樣。」
個人化	明明跟我們無關的事,卻覺得與自己息息相關	「她好像生氣了——大概是因為我做錯什麼事了吧。」
將回報視為理所當然	期待我們的行為或身分能帶來某種程度的回報	「我工作這麼認真,應該要獲得升遷。」
外包快樂的決定權	讓外在因素掌控我們的情緒	「除非他人以我應得的態度尊重我,否則我會不開心。」
錯誤的無能為力感	認為我們比實際上更沒有能力	「何必找工作呢?又沒有人會僱用我。」
錯誤的責任感	認為我們比實際上更有能力	「我講得不夠有趣,不然不會有人在我演講時打哈欠。」

當我們自問自己在想什麼時，有時候答案很清楚，有時無法立即確定。

以下是一些弄清楚自己在想些什麼的祕訣：

1 請謹記，想法可能關於過去、現在或未來。
   - 過去：「我講的話聽起來很蠢。」
   - 現在：「我正在搞砸這場面試。」
   - 未來：「我快要被壓力逼瘋了。」

2 給自己一點空間弄清楚自己的想法，像是：
   - 找一個可以整理思緒的安靜地方。
   - 閉上眼睛並回想發生過的事情。
   - 慢慢地呼吸。

3 請注意，想法可能以印象或畫面的形式呈現，不一定是文字。以下為例子：
   - 想像自己演講到一半，卻忘了下一句要說什麼，並茫然地盯著觀眾。
   - 想著開車時發生車禍的畫面。
   - 不知怎地覺得自己就是不夠好。

紀錄想法

如果你剛接觸認知行為治療，或是你很久以前曾經練習過，我建議你在挑戰自己的想法之前，先花點時間把它們以及其所帶來的

影響記錄下來。你會很驚訝地發現，僅僅是更加地關注自己的想法，你就會開始自動地調整思考的方式。一旦我們開始關注自己對事情的想法，就能更輕易地辨識腦海裡不正確的事物。我們通常預設事件會引發情緒或行動，卻忽略了我們對事件的解讀。在認知行為治療中，我們致力於辨識出在事件和情緒／行為之間的思考。

當蘇珊和結束那場令人失望的績效評估後，她發現：

事件　　　　　　　情緒

批判性質的評估 ⟶ 悲傷

但那場績效評估本身並不能影響她的情緒，而是她自己解讀那場評估的方式讓她產生了情緒反應：

事件　　　　　　　　　想法　　　　　　　　情緒

批判性質的評估 ⟶ 「我把一切都搞砸了。」 ⟶ 悲傷

一旦弄清楚蘇珊的想法，就能理解為什麼蘇珊會感受到悲傷的情緒。我們也能據此檢視想法和行為之間的連結。像是，我們明明試著多出門走走，但當朋友問我們要不要出來碰面時，我們卻拒絕了這樣的邀約。

其中的連結可能如下：

事件　　　　　　　　　想法　　　　　　　　行為

朋友邀約碰面 ⟶ 「我可能不知道要聊些什麼。」 ⟶ 婉拒邀約

如果你發現自己在接下來幾天有些情緒障礙，請使用以下模板來記錄你的想法。你也可以在以下的網址下載空白表單：CallistoMediaBooks.com/CBTMadeSimple。

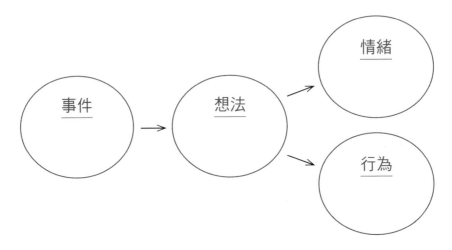

　　請謹記辨識這些想法需要時間練習。即便在上手之後，還是會有很多發掘想法的技巧可以學習。在採用認知行為治療的思考、感覺和行為模式之後，我們的想法會變得更強大。記得這些因素之間彼此息息相關，例如我們的想法會導致感覺和行為的產生，而感覺和行為也會反過來影響想法。因此，一個負面想法所造成的影響可能會被擴大，因為它和感覺跟行為之間彼此反饋。

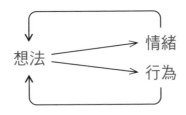

深入了解你的想法

　　有時當我們覺得明明能夠辨識出負面的自動化思考，卻不知道為何深受其影響。像是，請想像你早起換衣服時，看見鏡中的自己，覺得上衣看起來太緊了。於是你的情緒馬上變差，還馬上把那件衣服換掉。當你發現這個現象時，你回想事件的發生並將之寫下：

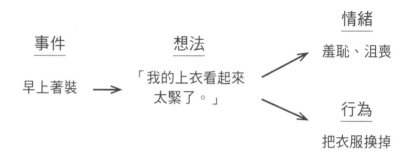

　　很難理解為什麼這種想法會讓你感到羞恥和沮喪。此外，其中也不見明顯的思考偏差，因為你確實需要大件一點的衣服。如果想法本身和其所造成的效果不對等，我們可以進一步使用「向下追問法」（downward arrow technique）來尋找真正的負面自動化思考，很可能會找到更令人沮喪的念頭，而那才是真正影響我們的感覺和行為的根源。

使用向下追問法時，我們探索想法本身的涵義——它代表什麼？在以下的例子中，我們要問的是，「我的上衣看起來太緊」這個想法真正的意思是什麼？從這項方法的名字透露出，我們將畫很多個向下的箭頭來追溯思路：

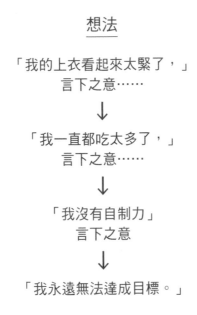

想法

「我的上衣看起來太緊了，」
言下之意……

↓

「我一直都吃太多了，」
言下之意……

↓

「我沒有自制力」
言下之意

↓

「我永遠無法達成目標。」

請注意愈下面的想法愈令人愁苦，尤其最後兩句更是令人沮喪。有了這樣的追問過程，就能比較容易去理解羞恥感和沮喪感的起因。當你需要深入了解以辨識出負面自動化思考時，你可以試試向下追問法。

常見的想法情境

不同的想法會導致不同的情緒和行為模式。以下為範例：

情境	想法	感覺	行為
絕望	「我永遠都不會覺得好了。」	沮喪 絕望 不足 失落	退縮
威脅	「這場考試要被我要搞砸了。」	焦慮 危險 不確定	自我保護
不公平	「她對我有差別待遇，不公平。」	焦慮 被不友善地對待 違反規則	報復

我們所感受到的情緒，是推論想法產生的重要線索。例如，感到生氣表示我們認為自己未被善待。以下為一些不同情況下的典型想法。

焦慮	「萬一我生病或受傷，然後不能工作了該怎麼辦？」 「大家會看到我臉紅的樣子，並心想我是個白癡。」 「如果開車的時候恐慌發作很危險。」
憂鬱	「我就是沒辦法把事情做好。」 「我讓所有人失望了。」 「沒有我的話，對大家都好」
生氣	「這裡沒有人在做自己的份內工作。」 「她對待我的樣子，就如同我是個白癡一樣。」 「我受到很不公平的對待。」

中斷負面思考模式

當你能好好地辨識與負面情緒緊密相關的念頭，下一步就是深入地探究這些想法。

喬治是一位心理學研究生。上學期他第一次教課，在他的課程教學評量中有一些負面評價，他對此感到非常失望。當他讀過評量之後，他的印象是大部分的評價都是批判性的。於是他開始質疑自己，是否適合他原本追求的夢想——當一名大學教授。

然而，當他再次仔細讀過評量之後，他算出正負評價比為10:1。他也發現，大部分的負評都是關於他早就知道的缺點，而且也都可以靠自己的努力來改進。像是講課應該要更生動一些。「或許我的學術職涯還有些希望，」喬治內心如是想。

中斷負面思考模式的主要策略為：將我們的想法跟現實進行比較。我們對自己說的話是否合理，還是我們的想法並沒有忠實地反映出實際的情形？別擔心你會因此變得過度樂觀，以及欺騙自己相信事情比實際情況更好。我們只是要檢查我們的想法是否與證據一致。

遵循事實

以下提供能讓你辨識可能的思考偏差的步驟。

第一步：尋找能支持你的想法的證據

是否有理由顯示你的負面想法足以採信？在喬治的例子中，他獲得一些批判性的評論，這些評論支持他認為自己是一個不好的講師的想法。在此步驟中請盡可能地保持客觀，不要忽略任何既存的事證，或以消極的態度過濾掉正面的事實。

第二步：尋找反駁你的想法的事證

想想你的想法中是否忽略了什麼事實，就像喬治忽略了那些正面的評價一樣。或你可能知道有其他事證，但卻輕描淡寫地帶過，就像喬治知道有些正面評價，但覺得「為數不多」且只是因為「他們人很好」。實際計算正面與負面評價，讓他得到比較客觀的數據。你也可以想想，如果是你的朋友遇到一樣的事情，你還會指出哪些他們可能忽略的地方？

第三步：尋找你的想法中可能的偏差

下一步，對照你最初的想法和你所蒐集的事證。你是否發現任何像是第56-57頁所列的思考偏差？也請注意你是否掌握了事實，但卻對它們有錯誤的解讀？像是喬治想得沒錯，他確實需要精進教學內容，但因此推論自己不是當教授的料，則是把事情想得太嚴重了。因此請問問自己，你的想法是否源自你的推論？即便是事實，情況是否真有那麼糟？並將你所發現的任何偏差記錄下來。

第四步：定義出精準且有助於判斷情況的一套方法

　　你如何調整自己的初始想法，以使之更符合事實呢？請關注那些有事實支持的想法，而不僅是一般的自我肯定，或對自動化思考的簡單反擊。例如，喬治可能試著告訴自己「我其實是一位很棒的教師」來抵銷他對自己教學能力的負面自動化思考，但這種想法的幫助有限，因為這僅僅是一個意見，而不是喬治真正相信的事實。請記得，你不必總是試著逼自己有更正面的想法。僅需要遵循事實，並寫下轉變想法的方法。

第五步：注意及記錄任何新思考對你的感覺和行為的影響

　　當我們練習新的思考方式時，我們會再次改變我們的感受和行為。請將你所觀察到的影響記錄下來。請記得，對自己誠實，即便你沒有發現任何感覺和行為的改進。因為這將對你分辨什麼方法適合／不適合你非常重要。

　　以下的範例說明，凱拉——一名四個小孩的職場媽媽，在她的母親65歲生日當天忘記致電祝賀這件事上，如何使用這項方法來避免思考偏差。

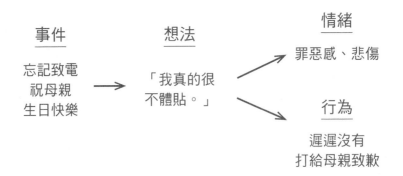

支持我的想法的證據	反駁我的想法的事證
• 這麼特別的生日當天，我卻忘記打通電話給母親祝賀。	• 除了這次之外，我每年都會記得在父母生日時打電話給他們祝賀。
• 幾年前父母過結婚週年紀念日，我也忘了寄賀卡給他們。	• 朋友生日時，我總會做一些讓他們開心的事。
• 我總是記不住朋友們的特殊紀念日。	• 母親65歲生日當天，我正忙著帶女兒去看醫生。
	• 現在我擔心這可能使母親難過，代表我是非常糟心的女兒。
	• 我想要在她生日當天打給她，而不是在我有空時。

我是否有任何思考偏差？

以偏概全——我讓單一事件定義了我這個人。

什麼才是精準且有助於判斷情況的方法？

我當時正忙著工作和照顧生病的女兒，且我確實有想過要打給我的母親。以後我可以使用行事曆裡的提醒功能，這樣比較不會忘記。不過最重要的還是，這並不是天塌下來的大災難，而且我打電話過去道歉之後，我的母親也能充分體諒我的情況。

新的思考帶來什麼影響？

我不再感到悲傷或有罪惡感，而且一想到自己對他人做的好事，就感到開心。

剛開始進行練習時，最好遵循書寫練習的結構。透過練習，久而久之我們可以不用再如此正式地記錄我們的想法，並能在事件發生當下，即時揪出並修正我們的思考偏差。

本章小結及功課

本章節導入了辨識和中斷我們的負面思考模式的關鍵技巧。你學會如何找尋證據並仔細傾聽你的想法背後的涵義。你也規劃將這些想法與現實進行比對。

透過練習，你或許能找出你的想法中反覆出現的主題。這些主題就是引發負面自動化思考根本信念的證據，我們會在下一章節中討論這件事。

現在，請你進行以下步驟：

1 仔細尋找負面自動化思考可能出現的跡象（例如情緒突然變得很差）。

2 練習將負面自動化思考記錄在第60頁的表單中。

3 如需要深入了解負面想法的實際根源，請使用向下追問法。

4 一旦辨識自己的想法變得更上手後，請使用「遵循事實」的五個步驟來測試想法是否準確。

5 當你在掌握及釐清自己想法有一定的經驗之後，請開始於事件發生後即時地操作，而不用再透過紙筆記錄。

6 如有需要，像是遇到比較複雜的想法，或是想要調整練習的方向時，請回到紙筆記錄的模式。

支持我的想法的證據	反駁我的想法的事證

我是否有任何思考偏差？

_____

_____

什麼才是精準且有助於判斷情況的方法？

_____

_____

_____

新的思考帶來什麼影響？

_____

_____

_____

你可以在 *CallistoMediaBooks.com ／ CBTMadeSimple* 網站上下載這份表單。

第五章
辨識和改變你的
核心信念

　　我們在第四章尋找發現和改變負面自動化思考的方法。如果你剛接觸認知行為治療，我強烈建議你先讀過第四章再來進行本章節。在本章節中，我們將探索是什麼促成負面自動化思考。為何我們的大腦如此快速且毫不費勁地產生這些思考模式？我們將深入研究思考過程的本質，找出藏在我們日常的思想底下，那些根植於腦海的信念，並且透過認知行為治療來調整它們。

　　莫拉和西蒙正在著裝，準備參加一場假日派對。她問西蒙：「可以幫我拉拉鍊嗎？」於是西蒙幫她拉好拉鍊、扣好上方的扣子，對她說：「好了。」莫拉轉過身，從鏡子裡檢視是否有拉好，此舉有點刺激到西蒙，他心想：「妳連謝謝都沒說。」他們出門之前，西蒙問莫拉是否要帶她親手做的沙拉，莫拉回他：「喔對，要拿。」這個回覆讓西蒙又有些感到惱火。如果堅持要她說「請」和「謝謝」，好像顯得自己不夠大器，可是西蒙又覺得自己出自善意的舉動不被莫拉所珍惜。當他拿著沙拉進到車裡時，他忍住了想說句「不客氣喔。」來酸她的衝動。

有時候西蒙覺得他的太太並不重視他有多認真工作，也不清楚他的工作壓力有多大。他認為她的生活完全以三個小孩為中心，對他則沒有那麼多的關注和陪伴。當他認知到自己有這些想法和感覺時，西蒙開始覺得自己的小孩也是這樣對他，工作上也有類似的感受。某天他突然心生感觸：「等等，大家都跟我一樣，還是我就是有讓人對我的付出視為理所當然的傾向？」

西蒙開始辨識到核心信念的存在。心理學家茱蒂絲・貝克（亞倫・貝克的女兒）將核心信念定義為「最基礎的信念，我們將之套用在所有的情境，有固化和泛化的特性。」也就是說，核心信念是我們如何看待世界的基石。

核心信念的概念中，認為負面自動化思考並非偶然產生。當我們關注思路的涵義時，我們會發現有些議題一再地出現。具體議題為何因人而異。我們對事件的典型反應，會揭露出我們自己的核心信念是什麼。

核心信念就跟電臺一樣，每一首歌曲都不同，但通常屬於同一種風格：鄉村、爵士、嘻哈或古典音樂。當你轉到某一個電臺時，你知道自己大概會聽到什麼樣的音樂。同樣地，我們的核心信念也透露出可預測的念頭。例如，西蒙對自己的舉動不被感激的核心信念，誘發出其他人也都不懂得感恩的負面自動化思考。

藉由關注你的思考常常撥放的「曲目」，你會知道自己目前的調頻。透過練習，你將擁有轉換頻道的能力。

為什麼我們有核心信念？

我們的大腦需要處理非常大量的資訊。請想像你在一座大城市中行走，尋找一間你跟朋友約好在那裡碰面的餐廳。當你一進到餐廳，你的感官會被許多刺激轟炸──站立的人、坐著的人和許多包廂等等。如果你必須思考並處理每一項刺激所帶來的資訊，那得花上好一陣子才能完成。

幸好，我們的大腦有許多「地圖」能幫助我們快速定位、釐清現狀。假設上述情境並非是你第一次造訪一間餐廳，那你會知道招待你的人是餐廳的接待員，所以你向他說明你跟朋友約在這裡，而且他很快就會到了。當你入座之後，接待員給你一張單子，你也不會感到茫然失措，因為你知道單子上列著食物跟飲品的選項，以及它們的價格。整個飯局將以可預見的方式結束，你會去結帳，也會在步出餐廳時跟接待員說聲再見。

這個例子顯示，我們的大腦會從過往的體驗中發展出捷徑。一旦我們對某些事情有了經驗，就能很有效率地採取行動。這項能力顯示我們會將組織好的知識導入經驗中，形成內建的模式，藉此指引我們的行為。

認知心理學家將這些內在模式稱為「基模」（schema）或「腳本」（scripts）。如果你花一個整天觀察自己，你將會發現自己遵循許多這樣的腳本：準備好出門上班、打理午餐、開車、在超商結帳等等。這些腳本使我們發展出自動的反應，甚至不需要動腦思考，就像聽廣播並不會影響行車安全一樣。

同樣地，我們的大腦發展出心智結構，幫助我們處理可能引發

情緒的狀況，像是被拒絕、成功、失敗等等。例如，當我們歷經一次不嚴重的失誤，像是錯過火車、開會遲到等，我們可能會認為自己不負責任，進而感到罪惡和懊惱。我們可能會很謹慎地打開會議室的門，言行舉止傳遞出「我很抱歉」、「我做錯了」的訊息。這些想法、感覺、行為是源自於「我不夠好」的核心信念。開會遲到並沒有引起這種信念，而是證明這個觀點：「看吧，這就是我有問題的一個例子。」

不同的核心信念所引起的反應截然不同。倘若我根深蒂固地相信自己是個有價值的人，我可能為自己遲到感到抱歉，但不代表這就是我的整體價值。如此一來，通勤上班的壓力便會減少，因為我身而為人的價值，並不取決於我是否是個準時的人。即使我的老闆對我說：「你遲到了。」也不會對我如何看待自己產生重大影響。

有時候，從我們對他人如何看待我們的假設中，能窺見我們的核心信念為何。這個過程是一種「投射」，因為我們將對自己的核心信念投射到他人身上。舉例來說，如果今天我犯錯了，並預設他人會認為自己真是個糟糕的蠢蛋，那可能是我看到自己就是一個糟糕的蠢蛋。請關注自己對他人如何看待自己的假設，可能能幫助你找出自己的核心信念。

辨識你的核心信念

請想想那些常出現的負面自動化思考，你是否發現到任何重複出現的訊息？你可能一再經歷常見的情境，並產生特定的情緒和行為，像是第四章中，喬治對評量結果的失落感，導致憂鬱的想法產生。

如果你正試著辨識和改變你的自動化思考，你可以將這些想法記錄在下方外圍的圓圈當中。

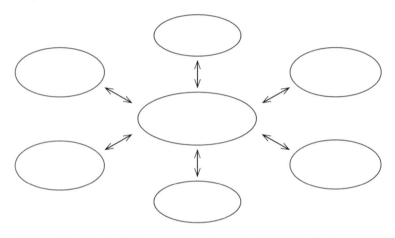

當你回顧這些自動化思考時，你是否發現其中蘊含一項中心思想？如果有，將這個中心思想寫在中間的圓圈裡，舉例如下：

伊斯特對自己的健康感到焦慮，並根據這個現象完成了以下的核心信念圖：

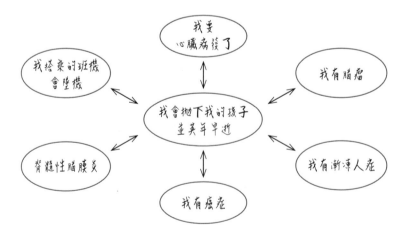

舉例來說，當伊斯特搭機時，她會將每次亂流視為即將墜機的徵兆。我們可能會以為，或許幾次安全降落的經驗，能讓她不再感到如此害怕。每次她搭機時，她總會下意識地想著「我們正在下墜！」所以成功降落僅是讓她覺得自己逃過一劫，而不是轉念覺得搭飛機其實很安全。

　　伊斯特發現，核心信念和自動化思考自成一個生態系，彼此因果循環且共存共榮。一旦你對自己的思考模式有更深入的了解，就請留意你的核心信念干預你客觀面對現實的事例。這個過程需要對特定情況誘發的思考偏差格外關注，並謹慎地看待我們的想法所傳遞的訊息。

　　請謹記，當我們感覺良好時，負面核心信念也可能潛伏著，在我們感到強烈的情緒時伺機而動。容易感到憂鬱的人，也特別可能在經歷負面情緒時，發展出負面的信念，進而提升未來罹患憂鬱症的風險。幸好，我們能對大腦進行訓練並避免復發，使用認知行為治療的技巧，能降低負面想法在情緒低落時不斷增生的風險。

　　你可以使用向下追問法的表單（詳見第四章，第 62 頁）來尋找你的核心信念。並審視每一階段的思考真實性，如果它是真實的，背後又有什麼涵義？

　　伊斯特使用向下追問法來檢視她認為自己有癌症的自動化思考背後的涵義：

想法

「我有癌症」
言下之意……

「而且是不治之症」
言下之意……

「我很快就要死了」
言下之意……

「我的小孩就要沒有媽媽了。」

你可以運用向下追問法的技巧來探索你自己的核心信念。

核心信念從何而來？

我們之中可能有些人因為先天基因的關係，容易發展出負面的核心信念。容易經驗負面情緒的傾向，性格研究者稱之為「神經質」。研究顯示，核心信念與我們的神經質程度緊密相關。然而，有些特定的核心信念，並非歸因於基因的差異，而是生活經驗使然。

> 蘇菲長年與她自認不足的感覺纏鬥，自有記憶以來皆如此，回想起來，從她幼兒園時期就有類似的感覺了。自幼她便飽受注意力不足過動症（ADHD）所苦，雖然她非常聰

穎，但較晚才學會讀字。搬家之後，為了讓她跟上其他小朋友的學習進度，她的父母讓她重讀幼兒園。

蘇菲的妹妹克萊兒則非常不同，她五歲前就會讀字了。她們的父母常常誇讚克萊兒的舉止很沉穩，在校表現也很出色。成年後蘇菲回想，她自認不足的感覺可能部分歸因於她感受到父母的失望，以及相信他們愛克萊兒更甚過愛她。

單一事件所感受到父母對自己的不認同感，或是沒有惡意的玩笑不太會造成長遠的影響。然而，通常的對待模式可能會形塑一個人看待世界和自己的方式。如果事件的影響力強大到足以造成創傷，那麼即使是單一事件，也可能會影響我們的信念。例如，歷經一次攻擊，可能會改變我們對世界有多安全的認知，或是被他人背叛一次之後，就很難再相信其他人了。

成長過程中的所見所聞，也會幫助我們發展核心信念。例如，倘若我們看見自己的父親長年因家中經濟狀況而倍感壓力，我們可能也會發展出經濟狀況不佳的核心信念。或如果我們的母親總是告誡我們要當心，我們也可能發展出這個世界總是充滿危險的核心信念。

這些早期發展出來的信念可能適用於當時的情況，但不太符合現在的情境。例如，一個受到家暴的小男孩，可能會因為知道反抗只會被打得更慘而不敢違抗父母。於是他發展出「我沒救了」的核心信念，這個想法反映出當時他無助的情況。幾十年後他可能還是這麼想，即便他早已不是當初那個無助的小孩。

花點時間思考你自己的過去。是否有任何事件可能導致你現在的核心信念呢？成長過程中，最主要的家庭動力（family dynamics）是什麼？早期的生活帶給你什麼教訓，是刻意還是偶然促成的？以及，這些經驗如何左右你對這個世界、他人和你自己的看法？花點時間將它們寫在你的日記上。

建立新的核心信念

一旦辨識出你的核心信念之後，請將它們記錄在日記上。現在，該怎麼改造它們呢？我們先來想想幾個你可以使用的工具。

蘇菲認知到她覺得自己本質上有所缺陷的核心信念可能並非全然準確。但自認不足的感受揮之不去。為了滿足她的好奇心，她進行了一項實驗，把所有能夠支持／反駁她對自己的負面看法的資訊蒐集起來，看看她是否長年對自己懷有錯誤的假設？

檢視你的過往

蘇菲開始檢視她一些過往的經歷，並找到自己身上有許多（至少跟缺點一樣多的）優勢，這讓她感到驚訝。例如，即使高中在校成績並不亮眼，她還是進入了很不錯的大學就讀，而且以優異成績畢業。

她發現自己並未重視大學時期的優異表現，因為她告訴自己「表現得好只是因為我很認真唸書。」她察覺這是用過

往的負面態度看待自己的結果，同時她也發現自己的另一項
優勢——她是一個很認真的人。

　　回想你自己的人生經歷。有沒有什麼證據可以支持或反駁你的
核心信念？將你的反應寫在以下的表單中。請留意你的核心信念是
否影響你的記憶，或你對事件的解讀。舉例來說，「我真是一事無
成」的核心信念，是否使你將他人對你的失望解讀成都是自己的
錯？請盡可能地回想並記錄，這項練習可以檢測你的信念。

核心信念：	
支持信念的證據：	反駁信念的證據：
我的核心信念的準確程度：	
替代的信念：	

你可以在 CallistoMediaBooks.com ／ CBTMadeSimple 網站上下載這份表單。

完成表單後，請從中查看你的核心信念的準確程度，或是發現哪些核心信念是建立在思考偏差上，例如非黑即白的想法，關於思考偏差的種類請見第56-57頁。

跟檢視自動化思考一樣，請查看你是否找出更實際的信念。請不要過度補償，或寫下過於正面的信念（如：我超級能幹），因為實際上可能並非出自於事實，很難說服自己相信。蘇菲的新信念為「我有許多強項」，對她來說，此信念是正面且合理的。

另外，如果你一時還很難對替代信念有真實的感受也沒關係。負面的核心信念可能很頑強，進行調整需要時間和不斷地練習。

測試現有的證據

我們也可以對當下的負面核心信念進行類似的測試。你可以使用相同的表單，追蹤一天之中有哪些證據支持／反駁你的信念。在一天即將結束之際，查看你的表單並檢視其中的資訊，看看這些證據支持／反駁你的信念的強度。一如既往，你無須強迫自己相信某個信念，訓練思考轉向需要花一點時間。

練習正向思考

我們所辨識的負面核心信念，時不時會影響我們的想法、感覺和行為。改變它們需要持之以恆地練習，不僅要測試它們的準確程度，也要學習新的思考方式。如果我們只專注於對抗舊的想法，那成功了之後，要用什麼取而代之呢？我們需要練習新的思考方式，使之支持更健康的核心信念。

認知行為治療中的「傳球」

　　當我第一次接觸認知行為治療時，我的導師是心理學家羅伯特‧德魯比斯博士，從他獨具開創性的研究中，顯示認知行為治療和藥物對於治療憂鬱症而言同樣有效（你可能有印象在本書推薦序中看過他的名字）。德魯比斯博士曾將認知行為治療中的思考轉變比喻為「傳球」（cycling the puck）。曲棍球選手在攻擊區中傳球—在行進過程中不斷將球餅（puck）傳給隊友—並尋找空檔來進攻得分。

　　認知行為治療中的「球餅」就是反駁我們核心信念的證據，我們反覆地思考那些顯示出我們的核心信念並不正確的資訊。一旦我們的大腦吸收這些證據，並轉變為核心信念，我們就「進球得分」了。當心智搭上線後，你會知道思考已經成功轉換了，那種感覺就像腦袋上方亮著一顆電燈泡的片刻頓悟。

　　德魯比斯博士和他的同事，將那片刻頓悟與認知行為治療中的「突然獲益」連結，忽然獲益是指憂鬱症的嚴重程度快速降低。這些突然獲益代表未來復發的可能性較低，也說明認知的改變具有保護的作用。

讓正向思考引領你

　　當我們更了解自己在某些情境下會產生的思想，便能預測自己的自動化思考。

溫蒂的工作經常需要演講，她發現自己常認為聽眾覺得她講得不好。她辨識出「我不受聽眾喜愛」的核心信念，在她演講時發揮作用，讓她覺得所有聽眾都這麼想。她將聽眾的一舉一動解讀成他們不喜歡她。例如，如果有人雙手交叉環抱胸前，她就假設他可能沒耐心聽了。

一旦溫蒂知道，當自己演講時，她的思考會如何運作，她就不必坐等負面自動化思考現身來折磨自己。她可以更謹慎地規劃如何作出反應。在演講開始前，溫蒂完成了一張表單如下。

情況：演講
相關的核心信念：我不受聽眾喜愛
更實際的核心信念：認識我的人當中，似乎大多都還蠻喜歡我的。

可能的自動化思考	合理的回應
他們感到無聊。	與會者通常認為我的演講蠻有趣的。
他們看穿我對這個主題完全不懂。	常有人說我的演講內容豐富。
他們看起來很茫然。	經常有人誇獎我的演講條理清晰。
我是個很糟的講者。	我的老闆認為我是部門裡最棒的講者。
他們聽完沒有任何收穫。	常有人說從我的演講中獲益甚多。

你可以在 CallistoMediaBooks.com ／ CBTMadeSimple 網站上下載這份表單。

在溫蒂演講之前，她檢視這張自己謄好的表單。她提醒自己要關注替代的信念，並查看自己對自動化思考的合理回應，每讀過一條就稍作停頓，讓自己好好地吸收這些正確的觀察結果。當她開始演講時，她只專心地想著自己的優點，那就是她的演講提供實用的資訊，讓聽眾很享受。她也提醒自己，如果核心信念乍現，不要去聽信它們。

你可以使用溫蒂所謄寫的那張表單，來練習對自己較有益的思考模式。請記得，你要做的不僅僅是寫下普遍且正面的自我肯定。你要針對那些困擾著你的問題思考模式，去創造新的思考。

在我們特別需要能反駁負面核心信念的證據時（亦即，當我們的負面思考被激發出來，且不斷地轟炸我們之時），它反而就愈難找。因此，寫下如何處理預料之中的思考的計畫非常重要。最方便的方式是寫在便條紙上，德魯比斯博士又把這種紙條稱為「因應卡」（coping card）。

當你進入到充滿挑戰的情境，請檢視那些能支持更實際的核心信念的證據。你甚至可以在早上醒來後和晚上睡覺前（兩段大腦最可能沉溺在負面自動化思考中的時光），練習這些更準確的思考方式。這些積極的做法，可以讓你不再僅能採取被動防禦，而且能有效削弱負面核心信念。

記錄好事

許多研究顯示，盤點生命中正面的事情是有益的。這項練習很簡單，只需要在每天睡前寫下當天發生的三件好事。然後寫出好事

發生的原因，是單純運氣、你做了什麼、他們做了什麼導致的嗎？保持這項練習，能讓你更快樂並降低憂鬱。

這也讓你有機會找到反駁你的負面核心信念的證據。例如，一名相信「我永遠無法成就任何事」的女性，可能會發現自己今天成功地解決了公事上的難題，而這和她的核心信念背道而馳。

重起爐灶

一旦成功辨識出我們的負面核心信念，我們便更能掌握其所傳遞的思考類型。透過練習，我們能降低負面自動化思考對自己的影響力。剛起步時，深入探討自己的想法、將它們寫下、找出相關證據等步驟非常重要，這整個過程和方法是第四章的重點。

透過練習，我們會知道自動化思考並非等於事實，一旦有了這樣的認知，我們就能迅速地瓦解這些想法，並將在意的程度降到最低。

很多人覺得內建一些駁斥自動化思考的短句很有幫助，而且句子要符合自己的音調和語氣。以下提供一些範例，讓你可以捕捉到那種感覺：

- 「吼，怎麼又來了！」
- 「哈，對啦對啦，你說的都對。」
- 「欸，你少來喔。」
- 「我才不吃這套。」
- 「這想法真蠢！」
- 「我居然曾經這樣想，太可笑了。」

注意：請小心不要使用帶有自我批判意涵的短句。我們不希望這項練習讓你感到痛苦。

一旦我們不那麼在意負面想法，就能跟自己的思考建立全新的關係。在下一章節中，我們將學到正念的原理和實踐，並擴大此概念的運用。

本章小結及功課

在本章節中，我們以第四章的內容為基礎，去辨識和挑戰核心信念。我們也看見這些信念對我們的雙重影響，不僅導致負面自動化思考的產生，也讓我們無法客觀地評估這些自動化思考。轉換核心信念並不容易，且需要持之以恆的練習才能達成。當自己正努力撼動這些根深蒂固的信念時，請對自己保有耐心。

本章的功課，包括以下許多辨識和挑戰核心信念的技巧：

1 從你的負面自動化思考中，搜尋反覆出現的主題。
2 使用向下追問法來探究你的自動化思考背後的涵義。
3 回顧過去，了解形塑你的核心信念的原因。
4 測試過去和現今的證據，是否會／不會支持你的核心信念。
5 練習在可能觸發與核心信念有關的自動化思考的情況下，讓正向思考引導你。
6 每天記錄三件不錯的好事，以及發生的原因。
7 最後，透過不斷地練習，您可以更輕易地擺脫不準確的思考並轉念。

第 六 章

維持正念

本章中我們將深入探討正念，也就是認知行為治療的「第三波」，並進行認知和行為練習。過去幾十年間，正念被認為是處理難解的情緒時，用來保持內心平衡的有效方法。

麥特不知道自己還能撐多久。過去好幾個夜晚，他都在試著把寶貝女兒放到嬰兒床上睡，這樣就不用抱著她睡了，但成果並不如他所希望的那麼順利。

女兒低聲咕嚕好一陣子之後，他心想「她應該睡著了。」今晚他已經到她房間內安撫她一次了，在她快要睡著的時候，他離開她的房間。但1分鐘後，他從嬰兒監視器中聽到寶寶清醒的聲音。不久後就變成哭聲了。麥特知道自己得再安撫她一次了。

走進她房間時他搖頭讓自己清醒些，希望不會讓寶寶感到自己的煩躁。當他輕拍她的背，無奈地翻著白眼，並在黑暗中咬緊牙關撐著時，他希望趕快可以安安靜靜地看電視。

正念是什麼？

　　如果你關注自己的大腦如何運作，你將會發現兩件很明顯的特徵：

1 **大腦專注於某些特定的事物，而不是當下發生的事。**大部分時間，我們想的是已經發生或未來可能發生的事情。因此，我們的幸福常常被那些和當下無關的事情所左右。

2 **大腦不斷地對現實作出「好」或「不好」的評斷。**大腦會這麼做，不論事情是否如我們所願。我們傾心於喜愛的狀況，並排斥不喜歡的事情。

　　這些現象是身而為人的一部分。但也會帶來問題和不必要的煩惱。執著於未來可能會導致擔心與焦慮，而且擔心的事可能永遠不會發生。反覆思索過往雲煙則可能會使你對無法改變的事實感到痛苦及後悔。

　　卡在思考過去或未來，我們很可能會錯過一生中絕無僅有的、當下的體驗，也使我們不認真看待身邊的人、周遭環境的美好，或眼見的景色、聲音和其他當下的所有感官體驗。

　　我們持續且自發地對事實作出好或壞的評價，也會帶來不必要的痛苦。我們常會抗拒不喜歡的事情，即便反抗是白費力氣的，像是因天氣不好而發怒一樣毫無用處，再多的抱怨也不會讓雨勢緩和下來，這麼做只是讓自己更沮喪而已。

　　正念的練習，能為上述兩個習慣提供解藥。

當下

正念單純就是感知當下。就這樣而已。倘若你正在遛狗，就專注於遛狗吧。吃午餐的時候，就專心地吃吧。跟另一半吵架了，或是事後和好了，都全心全意地投入當下吧。

你可能會想，正念到底有什麼益處？「我知道我正在遛狗啊，我知道我正在吃午餐啊，但這到底有什麼幫助呢？」但正念並不僅僅是知道我們正在做的事，而是更深層地、有意識地建立與經驗的連結。我們不只是在遛狗，我們同時也注意到天空的色彩，感受足下的土壤，聽著愛犬的叫聲，以及牠跑動時拉繩產生的張力。這種專注會強化我們經歷各種元素的感知，然而我們卻通常會忽略。

同時，練習正念並不需要你額外做些什麼，只要專注於當下正在進行的事就好。慢跑時，就好好地慢跑吧。開車時，就好好地開車吧。有人會反駁這項觀點，覺得有些時候，專注於當下會使人注意力降低，事實上完全相反，我們將注意力集中到當下正在做的事情，才是安全且避免分心的做法。

專注於當下的生活有兩項益處。第一，這讓我們從正在發生的事情中得到更多資訊，避免渾渾噩噩地過生活。即便是最平凡的事情，我們也可以從中發現現實中的豐厚美好。第二，專注於現下的人生，我們就不會反覆咀嚼過去的事，或是對未來感到恐懼，這也是為何正念練習能降低焦慮和憂鬱的主因。

我們的不快樂，大多來自於我們無能為力的事情，而且那些事情與當下的真實情況毫無關聯。舉例來說，某天晚上我下了火車並走回家，邊走邊想著我的小孩的健康。我甚至沒發現我正在假想一

段悲劇的情境，我的小孩生了重病之類的，然後我就開始感到焦慮跟憂鬱，彷彿這場悲劇正在上演。之後我發現自己在想這件事，便把思考拉回現實，關注真實發生的事：綿延的街燈、飛翔的鳥兒、綠地和遼闊的天空。我的孩子們現在很健康。我不需要活在幻想的悲劇中。我回到家後看著自己的小孩，剛才的領悟讓我會心一笑。

「活在當下的做法，就是發現此際，人生中倏忽即逝的這一刻，一定有某件事情正在發生。」——邱陽‧創巴仁波切《覺悟勇士》

接受

正念覺察的第二項核心特徵就是接受，也就是對於我們的體驗保持開放的胸襟。

幾個痛苦的夜晚過去了，麥特發覺到自己必須轉變對女兒上床時間的期待。隔天他決定嘗試新方法，事情怎麼發展就怎麼辦吧。反正他再怎麼反抗也沒用，只會讓自己每晚都對寶寶很沒耐心。他決定要全心全意地安撫寶寶入睡，並放棄想要控制她幾點要睡著的強烈慾望。

她的女兒第一次開始哭的時候，麥特深吸一口氣讓自己冷靜下來，才走進她的房間，以往他會這樣想：「好討厭」或是「這是什麼鬧劇」。現在，他告訴自己：「事情就是發生了」，他也整理這句話所陳述的事實：「我站在寶貝女兒的嬰兒床邊，我對她的愛無法言喻」。他輕拍她那如掌心一

般的小小的背，聽到她的呼吸聲逐漸變慢。他也發現在那當下，他完全沒有任何怨言。他既沒有受寒、飢餓、口渴或生氣，他的女兒也很健康，只是還沒睡著罷了。或許應該讓事情順其自然吧。

麥特的例子驗證了正念中「接受」的重要性。首先，這並不代表我們不再對事情抱有期待。麥特當然還是希望能快速且輕易地哄女兒入睡，也希望每晚能有更多時間可以放鬆。「接受」代表著降低對期待的執著，以及停止責怪女兒不乖乖睡覺，只因為自己希望她睡。

麥特並未認輸，也沒有因此不再遵守他和太太一致同意的、寶寶應該要在嬰兒床裡睡覺的時間。他不懈地依照計畫行事，在了解自己無法控制女兒的睡眠的認知之下，他從一而終地執行計畫，也對可能的變數也抱持心理準備。

當我們不再執著於事情應該如何發展，我們便從排山倒海的壓力中獲得緩解。在我早期的職業生涯中，曾與一位很難相處的主管共事，當我試圖釐清她有多不通事理之際，我發現自己的想法都被這件事束縛住了。最後，我接受她可能會很難搞的事實，就這樣。我對事件的接受並不能改變她的行為，但我不再對於她的行為大驚小怪，她只是一如往常地難搞罷了。

關於「接受」，很重要的一點是它讓我們對眼前的事實產生較為合宜的反應。我接受前主管有古怪脾氣這件事，讓我認清必須換工作了，於是我不再漠視這個必然的事實。

正念的好處

　　訓練正念能為許多情況帶來幫助，包括焦慮症、注意力不足過動症、慢性疼痛、憂鬱症、飲食障礙、過度憤怒、失眠、強迫症、關係障礙、戒菸和壓力等。已有許多治療方案發展出來，並與正念練習一併整合到認知行為治療中，其中一例為由心理學家辛德·西格爾、約翰·蒂斯岱（John Teasdale）、馬克·威廉斯（Mark Williams）所開發，用以治療憂鬱症的正念認知療法（MBCT）。這些專家認為，正念的工具很適合用來修正一些會導致憂鬱症的因素。

　　例如，練習關注於個人的內在經驗，能強化偵測早期警示跡象的能力，像是不切實際的負面自動化思考。

　　正念認知療法包含以往治療憂鬱症的認知行為治療的元素，並整合正念訓練以預防復發。訓練的主要內容專注在使用正念覺察來尋找有問題的想法，以及學習跟它們建立不同的關係。我們可以學著去辨識它們，將它們視為所有思考的一小部分，不一定要作出反應。

　　許多研究顯示正念認知療法能實現上述目標。像是蒂斯岱、西格爾、威廉斯和他們的同事發現，在一群曾經歷憂鬱症復發的患者當中，有接受正念認知療法的憂鬱症患者，比起其他療法（如抗憂鬱藥物治療，或其他類型的心理治療）的患者，他們的復發率降低了將近50%。

　　史蒂芬·海斯（Steven Hayes）開發出「接受與承諾療法」（ACT），許多有力研究支持這項療法能治療許多病症，如憂鬱症、焦慮症和慢性疼痛。從療法的名字可以看出，其強調接受我們

的經驗，並運用在支持我們的核心價值的行動上。蘇珊・奧斯魯（Susan Orsillo）和伊麗莎白・羅默爾（Lizabeth Roemer）設計出一種與接受與承諾療法很類似的「以接受為基礎的行為治療」（Acceptance-Based Behavioral Therapy），用來治療廣泛性焦慮症，同時也是治療不易治癒且會使人耗弱的邊緣性人格疾患的常見療法。正念在這些療法中扮演極重要的角色，可用來診斷難以處理的情緒問題。正念在許多精神疾病上都有明顯的幫助，以下就讓我們來了解如何運用正念來改善生活。

正念如何帶來幫助

正念練習帶來的益處如下：

強化我們對思考和情緒的覺察。當我們練習更專注於現實生活，並對之抱持更開放的胸襟，我們也更了解自己了。給自己必要的空間去辨識自己的想法和感覺，也因為我們接受現實的模樣，所以不會去否認自己的體驗。

更好地控制自己的情緒。能很好地覺察自己的內在經驗，會幫助我們阻斷無益的思路，像是反芻和怨恨。專注於當下會幫助我們平靜，也能讓緊抓著失控情緒不放的自己放鬆下來。

跟自己的想法建立不同的關係。想法在我們的腦海中持續不斷地產生，當我們在正念練習中讓這些想法自由來去，我們也開始看淡這些想法。知道它們僅僅是我們的腦海中生成的概念，且不一定具有任何意義。

降低反應。當我們與自己的想法之間的關係演化時，我們會減少慣性反應的產生，這些反應通常都不能為我們帶來最佳利益。正念的出現，能幫助我們在根據原始衝動而採取行動之前先踩煞車，給自己足夠的時間選擇符合目標與自我價值的反應。

我們如何進行正念練習？

和所有的習慣一樣，正念的轉變需要練習。正念練習主要有兩類：一為從事與正念覺察相關的特定活動，二為將正念導入日常活動中。

正規的正念練習

最常見的正規正念技巧為打坐冥想。它涉及選擇一項專注一段時間的事情，隨著時間一分一秒流逝，全然地將自己投入這項體驗。最常見的方式是專注於自己的呼吸，因為呼吸時時刻刻在發生，且我們無法與之分離。有時難免我們的專注力會漂流到其他時空的事情上，或是我們又開始評價自己現在做得如何、喜不喜歡冥想等等。這項練習單純就是在發現專注力跑掉的時候，再將它導回。回歸到專注於此時此刻，不去批評自己，正是冥想的精髓。

其他常見的冥想類型能激起對身體感官（身體掃描冥想）、環境聲音、對健康的期許和對自我與他人感到滿意（慈心冥想）的專注力。

正規練習通常也包括許多活動，像是瑜珈及太極。舉瑜珈為

例，專注於呼吸與動作同步。以及在一些難度較高的姿勢中，練習接受那種不適感，這能幫助我們維持該姿勢更久一些、在不適感中保持呼吸的節奏，或必要時轉變姿勢。覺察和接受會帶來更多選擇。

「關於冥想的重大發現，在於看到我們如何持續逃離當下，我們如何逃避活在現下，接受當下的自己。重點不在於將之列為問題，而是去看到這個現象。」佩瑪・丘卓，《不逃避的智慧》

如何開始冥想

冥想的概念很簡單，但實作通常不太容易。當我們坐下來冥想時，大腦通常會自行認定它有其他任務。開始冥想時常見的反應包括：

* 感到有些無聊。
* 感到沮喪。
* 想要停止冥想。
* 忽然想起原本要去做的事情。
* 腦內有成千上萬的想法佔據你的注意力。

以上的經驗不代表你做錯了，或是不適合冥想，所以繼續冥想吧。以下一些想法，能幫助你進行冥想練習：

你並非不會冥想。當進行冥想時，我們會一再地失去專注力。如果你因此認為自己很不會冥想，那麼試著這樣想——冥想的過程僅僅是在失去專注力時將它重新尋回。我們不必被自我批判的想法打斷冥想的過程。

目標不是「變得擅長於冥想」。我們很容易習慣性地去批評自己的正念練習，這會讓冥想變得像是一種令人失望的懲罰。冥想的宗旨僅在於專注於當下，並放下所有批判。

放下對特定成果的執念。你或許對冥想的樣子有些期待，像是思緒變得清晰且安定等等，並致力於讓體驗和期望吻合。但現實是，我們無從得知冥想的過程中會體驗到什麼。但可以練習對即將發生的事抱持開放的心態。

進行冥想有很多種方法，以下為開始冥想的一項簡單計畫：

1 在你能保持清醒及警覺時練習冥想。

2 找一個安靜且不被打擾的地方，避免像手機等的外在干擾因子。

3 選擇舒服的座位，無論是地上或椅子上。如果你選擇坐在地板上，你可以在臀部下方墊一塊毯子或瑜珈墊來讓自己更舒適。

4 你可以閉上眼睛，或將視線固定於眼前幾呎的地板上。

5 選擇要不要將練習錄下來，如果不錄，請設一個計時器。從5分鐘開始練習，並將計時器置於視線所及以外的範圍。

6 開始注意呼吸的感官體驗，專注於吸入和呼出空氣的時間全長。

7 當發現思緒開始游移時，將注意力拉回呼吸上。

8 如你希望在冥想中能有指引，有許多APP和免費的線上冥想資源可以使用。像是 Aura 和 Insight Timer 等，都是免費的冥想應用程式，在iOS或Android系統皆可使用。

最後，和最普遍的道理一樣，請保持輕鬆的心情。進行冥想練習純粹是為了自己，不要讓它變成待辦清單上的一項麻煩事。

實行正念

另一項正念練習則是將它落實在我們的日常生活當中。麥特運用這項方法改變了女兒睡覺時間的困境。我們能將專注力轉移到現下正在進行的事情，並盡可能地對當下的體驗保持開放的心態。

> 班喜歡在住家附近騎腳踏車。他住在一塊丘陵地，因此他常常在上下坡間來來回回。他發現自己浪費太長時間在對斜坡感到厭煩，擔心自己下一個上坡無法攻頂。其實他騎腳踏車已經十年了，未曾出現攻頂失利的情況。不過，他估計有一半的騎車時間都為上坡挑戰所困擾，無法好好享受比較輕鬆的騎乘時光。

> 於是某次班騎車的時候，他決定專注於騎乘時光的每個片段，好好體驗每個當下而非抗拒它。上路之後，他發現自己更能享受每段輕鬆的路程，而不是畏懼下一個上坡的到來，他也接受那些爬坡就是這麼艱難且充滿挑戰，無須抗拒。無法攻頂的念頭仍讓他感到焦慮，但他已降低自己在意

的程度，並認知到那些只是飄過腦海的想法而已，而非精準的預測。

當你在日常活動中練習正念覺察的時候，請謹記以下幾點原則：

1 專注於感官體驗（眼前所見、聲音等）和你的想法、感受與身體的感覺。

2 對現下發生的事抱持開放的心，讓經歷本身維持其原有的樣貌，不需要抗拒它。

3 對日常活動抱持「初心」，彷彿你第一次進行或看見這件事情。放下先入為主的想法，不要期待事情會如何發展。

4 不要催促當下經歷的發展，就讓它自然地進行。

5 留意不要僅從經歷中挑選你喜歡的部分緊抓不放，而逃避不喜歡的部分。

6 讓想法來去自如吧，它們就只是腦中的念頭而已。練習不要迷失在想法中，也無須抵抗，就讓它隨意流動。

正念的迷思

許多人剛開始接觸正念時，便對它存有疑義。這些疑義大部分起因於對正念的誤解，且會阻撓你進行正念練習。

常見的迷思包括：

正念是一種宗教或狂熱崇拜的實踐。因為正念是某些宗教傳統中的一部分，我們可能會因此推論其本質上為宗教活動。然而，活

將正念覺察
帶入你的日常生活中

我們可以專注於任何正在進行的事情。以下為一些日常生活中可見的範例：

洗澡。洗澡時有許多感官體驗可以讓我們練習專注，像是水流過身體的感覺、水流聲、空氣中的濕潤溫熱感、腳踩在淋浴間或浴缸中的感覺、香皂或沐浴乳的味道等。

日常打理儀容。像是刮鬍子、梳理頭髮、刷牙等日常瑣事。但若你曾經無法從事其中任何一項活動，像是口腔手術後無法馬上刷牙，那麼終於能夠再次刷牙時，你會感到很愉悅。試著練習好好地從事這些小事，就像人生中第一次進行這些事情一樣。

去戶外。假裝（或意識到）自己是造訪地球的訪客。看看天空、感受氣溫、聽著鳥鳴、看著樹木，彷彿你未曾造訪過這陌生且令人敬畏的地方。

進食。關注自己吃進去的食物——顏色、香氣、滋味、在口中的質感，以及咀嚼和吞嚥時的感官享受。細細品嘗當下經歷，如同你未曾吃過東西一樣。

閱讀一本書。注意書的感覺和氣味、重量、書頁的紋理和翻頁的聲音。關注靜心閱讀時所擁有的感覺。

傾聽某人。當他或她說話時，關注他們的眼神、聲音裡的語調、情緒的變化。練習傾聽及看著對方，彷彿第一次聽他們說話一樣。

上床睡覺。睡眠可以幫助我們放下過往經歷，好好地結束一天。感受身體在床墊上施加的重量，以及床墊支撐你的反作用力。關注頭枕在枕頭上、身上蓋著被子或毯子的感覺、房裡及房外的聲音，以及呼出及吸入體內的氣息。

在當下及專注於進行手邊的事並不屬於特定宗教或靈性取向的範疇，也無須遵守任何宗教傳統（包括神祕或新時代靈性）即可進行實踐。儘管如此，正念與宗教並不互相矛盾。無論我們的信念和價值觀為何，我們都能透過正念方法，更完整地採納它們。

正念並不科學。通常人們對正念反感是因為他們傾向相信「事實與科學領域」的事物。如果你需要確切的證據來證明正念有所幫助，那請看看這個——有愈來愈多嚴謹的研究發現，正念有助於緩解焦慮症和憂鬱症等多種疾病。甚至發現它能夠讓大腦產生變化。正念練習的效果受到堅實的科學支持。

正念指的是花很多時間正視腦海中的一切。語言是一項不完善的工具，因此造成大家對「正念」意義的誤解。正念並不是要我們窩居在思想之中，而是將我們的通常經驗連結起來，放下我們為之

編織的劇情。正念的宗旨在於我們能意識到所發現的事物，並且維持開放以對。

正念會導致我們放棄許多讓世界變得更好的努力。「接受」一詞可以代表我們不試著改變任何事情，就像我們說「我已接受我不會成為職業運動選手的事實」一樣。正念的概念裡頭，接受一詞代表我們不否認現實的樣貌。我們能以它現有的樣貌看待它。這種接受的概念，實際上能催化改變的發生，如同我們接受了社會上貧窮的問題日趨嚴重，並決定採取行動來緩解這個問題是一樣的道理。

正念代表軟弱。如果我們認為正念代表不堅定立場，就會誤以為這是意志薄弱的人才會進行的練習——尤其當我們僅將奮鬥和反抗視為努力的表現。但是，其實放下也是很困難的，需要努力付出，以及下定決心放下對過去的執念和對未來的恐懼。正念能幫助我們在正確的途徑上作出努力。

正念從來沒有目標。如果我們只在乎當下並練習接受，我們要如何為未來設立目標及擬定計畫呢？雖看似矛盾，但其實計劃未來和設定目標與正念練習的概念完全相容。如前所述，接受現實能鼓勵我們為改變現狀作出努力。舉個例子，我因為接受家裡太熱的事實，並決定買一台冷氣。一旦我們設定目標或擬訂計畫，我們也能練習活在當下，而身處現實之中，也能從事任何能帶來改變的活動。

正念就是冥想。「正念」一詞常讓人想到某人盤腿冥想的畫面，也合情合理，因為冥想是一種非常常見的正念練習。但是冥想

正念減壓療法（Mindfulness-Based Stress Reduction, MBSR）

　　正念不僅可使患有心理疾患的人受益，我們大多數人都能透過這項工具來應對生活中的普遍壓力。喬·卡巴金（Jon Kabat Zinn）開發出一套知名的八週計畫「MBSR」，也已有數千人完成之。這項計畫包括：

- 教導正念的原則
- 訓練冥想
- 對身體的正念覺察
- 和緩瑜珈
- 各種活動中的正念練習

　　正念減壓療法是一項減輕焦慮與增加個人應對壓力能力的可靠方法。如果你對這套方法有興趣，卡巴金教授在他的著作《充滿災難的生活》中有更詳盡的介紹。你也可以上網搜尋 MBSR 或離你較近的正念基礎課程。

不是練習正念的唯一方法，還有許多活動能讓我們對所經歷的事物保持開放的胸襟。舉凡是跟朋友一起耍廢或是參加超級馬拉松都可以。冥想等正規練習的好處在於，它聚焦在訓練思考專注於當下的事物。我們隨時都可以在生活中任何一刻進行訓練。也確實，我發現練習冥想，能幫助我們在日常生活中激發出更多的自發性正念體驗。

正念行走
（Mindful Walking）

如果你準備好要實踐正念，你可以從正念行走這項簡單的行動開始。你能從中練習提高對你體驗的注意力及好奇心。你可以專注於以下事物：

- 腳下所踩的地面踏實感。

- 為了保持平衡及步行的所有動作及肌肉收縮：擺動手臂、腳向下踩、腿部及下背肌肉收縮等。

- 你所發出的聲響，像是呼吸及腳步聲。

- 周遭的聲音，像是鳥鳴、汽車聲，和風吹過樹梢的聲音。

- 環境的景觀，包括你可能每天都會經過但從未注意的事物。

- 空氣中的氣味。

- 皮膚對空氣的感官體驗和陽光的溫度。

- 光線的質感——照射的角度、強度及其呈現的色彩。

- 天空中的每個細節。

無論是平凡的日常體驗或具有特別意義的事件，都能運用這項方法。

本章小結及功課

在本章中，我們從單純地對我們的體驗保持完全開放中，探索了其強大且深遠的影響力。瑜珈和冥想等正規練習，能作為日常生活中補充性質的正念練習。我們也看到這些練習可以如何整合到認知行為治療上，且有效地治療多種疾患。如果你正在進行認知行為治療，和／或正在改變你的思考，正念的原理與這些練習完美地結合。接下來的章節中將介紹認知行為治療中三大支柱的練習。

對正念懷有疑慮是正常的，大多源自於對這項練習有錯誤的印象。如果你準備好要首次嘗試正念練習，或是希望加深你目前的練習，我建議你採取下列步驟：

1 開始關注一天之中，你主要在想些什麼。是在想著過去、現在、還是未來？這會讓你對當下的體驗更開放還是更抗拒？注意，關注就好，不要去評價你的思想。

2 一天之中，選擇一些少數的活動，運用本章中所描述的這六個步驟來練習正念覺察。

3 進行冥想練習。如果之前從未接觸過冥想，剛開始幾天進行幾分鐘就好。

4 讀一本正念相關的書，能加強本章概念及有助於踏實地練習。

5 練習將正念的概念導入行為活化和重新訓練思考中。例如，將已增強的覺察力運用在你原本計劃的活動中，提升完成那項活動所帶來的成就感與喜悅。

第 七 章

專注於任務：
克服拖延症

在本章節中，我們會處理為何我們常常拖延明知應該去做的事的問題。我們也將發現，導致拖延症的幾項因素是什麼。一旦我們對這些因素有更好的了解，我們便能從認知行為治療的許多工具中選擇用來破解這項惡習。

明天下午5點就要交期末論文，艾力克知道他必須開始寫了。「我還有24小時」，看著那堆要用來參考的書，他心裡這麼想。他感覺胃部緊縮，不確定論文的成果會怎樣，讓他感到焦慮。就在此際，電腦的自動播放清單中，輪到了「十大最好笑寵物影片」。「我看這部就好，或之後再看一部就好。」他這麼說服自己，並開始觀看影片，暫時鬆了一口氣的同時也感到些微內疚。

你有拖延症問題嗎？

　　每個人有不同的拖延傾向及會拖延的特定事項。請花點時間想想，你會如何拖著不去做明知要完成的工作。以下任何拖延的狀況是否常發生在你身上呢？

- 發現自己在工作期限前，沒有預留足夠的作業時間。
- 覺得會議前的準備不充足。
- 試著強迫自己完成工作。
- 趕著參加會議時，因為時間緊迫而倍感壓力。
- 試著隱瞞自己並未著手進行工作的事實。
- 工作產出品質低於自己的能力所及。
- 總這樣告訴自己：「我晚點再做。」
- 要等自己感到更有靈感及動力，才能開始工作。
- 做些浪費時間的事，而不去做應該完成的工作。
- 總依賴所剩無幾的時間產生的壓力來完成工作。

　　我們先試著找出拖延的原因，再來想辦法克服。

導致拖延症的原因為何？

我們都有過這種經驗——有論文要寫、有雜事要做、有要著手進行的居家計畫，或任何其他我們可能會拖著不做的任務。拖延似乎沒什麼好事，例如，總是會導致學習表現不佳及更容易生病。然而，我們常常掙扎著在時限內完成工作。以下是造成拖延現象的因素：

擔心這會造成不快樂。當我們在腦中想著進行工作時，常自動地帶入最令人不愉快的部分。如果我們想著清理排水溝這件事，吃力地爬梯的畫面就會產生。當我們想著寫論文這件事，需要適時清楚表達想法的壓力就會讓人感到難以招架。我們的負面想像愈多，著手進行的動力就會愈低。

擔心表現不佳。我們總是不知道事情會如何發展，這種不確定性會讓人感到非常害怕。舉例來講，艾力克想著寫論文這件事，卻擔心自己沒辦法寫出什麼有料的內容。這種可能會讓自己或其他人失望的擔憂，會阻礙事情的起步。

給予同意的想法。有時候我們會告訴自己，自己值得休息一下，或說服自己我們晚點會開始工作。我們這麼做也是在為拖延合理化。有時這種念頭確實是合理的——例如有時候休息一下真的對我們有益。但通常這些自我陳述都會導致不健康的逃避習慣。

負增強。當拖著不去進行可能會令自己不愉快的任務時，我們

拖延症一定是壞事嗎？

有些研究學家認為拖延的益處不應被忽視。例如，它讓我們有更多時間去想辦法，且能利用期限帶來的壓力來激發我們的努力，管理學教授亞當‧格蘭（Adam Grant）在他著作中寫下拖延有益於產生創意。根據他的說法，我們的原始思考較為保守，給自己較多時間能導致更多創新方案的產生，如果我們在期限內完成工作，則可能無法有那種效果。不過，這些潛在的好處，得背負著壓力、無法於期限內完成和工作品質變差等跟拖延有關的風險。

會暫時覺得鬆了口氣。大腦會把這種放鬆當成獎賞，於是我們更可能會反覆進行這項能導致獎賞的行為。如此一來，我們的拖延行為便被強化。心理學家稱之為「負增強」（negative reinforcement），因為它是透過移除嫌惡刺激而達成的。正增強是指當我們完成喜歡的事情時，同時也會強化成就這件事情的行為本身──例如收到支票會刺激我們從事工作的任務。逃避工作的負增強可能很難克服。

你是否有想要完成卻不斷逃避或拖延的工作呢？有哪些因素適用於你自己的拖延現象呢？請將它們寫在筆記本或日記中，包括拖延的模式和導致拖延症的原因。

克服拖延症的策略

　　導致拖延症的因素有很多，了解原因能幫助我們克服它，我們也需要一套多元的工具輔助。這些工具可以分成以下三種：

- **思考**（認知）
- **行動**（行為）
- **處於當下**（正念）

　　經過一段練習，你能這三種領域中找出一套適用於自己的策略。

有些病症會使拖延症特別容易發生。憂鬱症會消耗我們的精神與動力，讓人難以處理事情。注意力不足過動症患者很難專注在一件事情上，導致沒有足夠的動力完成它們，因此難以在期限內完成任務。焦慮症也可能導致拖延症，像是某人可能擔心會說錯話，而遲遲不寫下那封該寄出的電子郵件。雖然本章所介紹的策略可適用於任何人，但請注意其他病症也可能導致拖延症。

思考：認知策略

　　我們的拖延傾向大多來自於我們看待任務的方式，以及我們完成它的意願和能力。想法的改變策略能弱化拖延症的影響力。關於如何回應無益處的想法，請參考第四章和第五章的具體內容。

留意自己允許事實相左的想法

　　當心我們說服自己拖延的理由，或是淡化我們在其他事情上實

際花費的時間（像是「我只會看一部影片」）。當我們攔截這些想法之後，可以用對待無益的自動化思考的方式來應對（請參閱第四章）。

提醒自己不想拖延的原因

拖延不僅會導致延遲任務完成或劣化工作產出的品質，也會讓我們的空閒時間蒙上一層未完成工作的畏懼與擔憂。當你需要動力來進行任務時，提醒自己延遲的負面後果是什麼。

當心「良性逃避」

當我們想要逃避一項工作時，我們可能會找一些方法來讓自己感覺很有生產力——整理櫃子、幫忙朋友一些事情、做些勞務——這些讓我們感到「至少我有在做點正事」的感覺的事情。這種想法提供了可信的理由，讓拖延症變得更容易發生。

下定決心著手進行

我們因不確定該怎麼做，而拖著不去做某件事情。例如，一封困難的工作郵件，我們可能會因為不知道該怎麼寫而拖著不寫。事實上，弄清楚該怎麼寫，也是工作的一部分。提醒自己只要著手進行，將會找到方法。

認清晚點也不會想去做這件事的

我們可能會覺得一旦有想做事的動力，就會去做了。事實是，

請守時

　　遲到的傾向是一種拖延症的類型，也就是你無法在期限內將自己從另一個地方移動到另一個地方。如果你想改善你的守時習慣，請遵循以下原則：

　　實際規劃所需要的時間。 到達目的地實際上需要多長時間？請務必將所有因素考慮進去，如跟家人道別等，並給自己一段緩衝時間因應預料之外的狀況（例如交通延誤），如此便可避免低估實際需要的時間。

　　倒數計算抵達目的地所需時間。 從到達目的地的時間倒著推算你何時需要出發。例如，你需要在傍晚6點鐘抵達，而需要花 45分鐘才能到目的地（你的緩衝時間也已計入），因此規劃要在5點15分前出發。

　　設定鬧鐘（且有足夠的時間避免遲到）。 藉由設定鬧鐘提醒來避免忘記時間。知道鬧鐘會提醒自己什麼時候該出發，你也比較能夠放鬆。

　　請小心將手錶或時鐘調快，可能會適得其反。 這項策略有時會有反效果，因為我們已經知道手錶上的時間比較快，所以可能會忽略它。

　　避免在即將出發的時候又著手進行另一件事。 在出發到目的地之前，請避免試著塞入更多事情。即使你認為「這只會花幾分鐘而已」。很可能實際上花費更多時間而導致你遲到。

準備如果提早抵達可以做的事。 如果你擔憂提早抵達，無事可做浪費時間，就帶本書，或做其他你喜歡做的事情消磨時間。

　　結合本章中的其他認知行為治療原則和上述策略，好將自己準時的可能性提高到最高。例如，使用認知技巧來提醒自己，當GPS顯示提早5分鐘抵達的那種感覺，比起遲到5分鐘的那種匆促感好得多。

過一陣子我們可能也未必比現在更有動力。認清這點，我們能避免等待輕鬆完成任務的「神奇時刻」降臨。

突破關於追求「完美」的心境

　　我們常為自己設定不切實際的高標準，導致拖延著不著手進行工作。請記得工作無須完美，最重要的是完成。

　　選擇適合你的思考策略，並將這些策略寫在筆記本上，必要時進行實踐。

行動：行為策略

　　我們愈單憑意志力來對抗拖延症，就愈不可能突破僵局。與其筋疲力盡地硬闖，尋求更好的平衡能更好地克服逃避傾向，不如針對行為作出小小的改變，如此才有可能大大地提升生產力。

運用外部提醒機制

如果工作之初就有難以忽視的提醒機制，就能提高完成工作的機率。設一個鬧鐘、寫下備註、在白板上寫下你的目標，或將這些提醒放在醒目的地方。如果看到提醒的當下你無法馬上進行工作，請確保自己另外又設定新的提醒。

打造無外部干擾的空間

當會導致浪費時間的外部干擾不存在時，就較難拖延。如果可以，就把網路瀏覽器關掉，把手機關靜音或別帶在身邊，移除任何可能的分心機制。當對工作感到焦慮或不舒服時，很容易習慣性地碰這些東西。

運用日曆

計畫的內容愈具體，完成的機率就愈高。將你預計進行的任務寫在日曆上，並盡可能地在時限內完成。如果有外務導致無法進行工作，請盡快重新安排。

將大型工作解構成較容易進行的子任務

如第三章所述，解構困難的任務能讓我們更容易進行它。將每個步驟拆解為較易進行的小片段，將每個子任務設定較短的期限，這樣會讓你覺得事情都順利地軌道上運行。

開始做就對了

望著任務的全貌可能令人生畏。解決的方法是，開始做就對了，且開始工作的時間不用長。例如，你先花5分鐘來寫下電子郵件的內容架構，之後甚至有可能繼續作業，超越原本設定的目標。

完成一項任務，即便很難

在開始進行之際，持續不懈，直到目標就在不遠處。你可以善用這項動力，而不用對抗一直逃避時再度啟動工作的困難。

致力於不求完美、只求著手進行

拖延症常起因於追求完美，但因人非聖賢，所以通常會讓計畫癱瘓。完美主義者的解方是包容不完美——例如，我們可以寫下一個不完美的起頭。這個方法可以幫助我們著手進行，並提供我們寶貴的動力。

讓身邊充滿已經在進行工作的人

讓自己待在已經在進行工作的人身邊，運用正面的社會壓力，能刺激自己進行工作。當身邊的人正在處理工作時，我們便不太會做些逃避的事。

讓工作時間較短且不受干擾

如果已經知道作業時間不長，著手進行工作就會更容易。試著使用軟體開發者法蘭西斯科・西里洛（Francesco Cirillo）創造的番

茄工作法（pomodoro technique），間歇式地花25分鐘完成任務，中間保持短暫的休息時間。市面上有許多應用程式能幫助運用這套方法，但其實你僅僅需要一個計時器。實際上，我本人在每次著作時就是用這套方法。

找做事的方法

如果你發現自己因為缺乏工作的知識而導致拖延症，請把學習列入子任務中。例如，如果你不確定如何做一張電子表單，就找一部相關的線上教學影片來看。

給自己小獎勵

使用正面回饋來克服拖延症的負增強。研究顯示，在其他條件不變的情況下，給自己一點工作獎勵能大幅改變我們的行為。也許是在工作50分鐘後，給自己15分鐘休息時間去做任何想做的事。或是每讀完5頁就吃個點心。請注意，獎勵的內容不能妨礙你重新開始工作，例如會令人上癮的電視遊戲可能就不行。

追蹤進度

追蹤我們實現目標上的進展是一種簡單的自我獎勵方式，例如艾力克可以製作一張論文的大致架構，並在完成每一節時把它從中劃掉。看到自己的進度所帶來的成就感，能帶給他持續工作的動力。

處於當下：正念策略

是認知行為治療的第三大支柱，運用處於當下和接受的原則，提供許多克服拖延症的策略。

接受不舒服

我們常以感到不舒服作為延遲進行某件事的理由。但或許比起我們在乎的事，感覺舒不舒服並不重要。如果我們願意用更開放的態度看待不舒服的感覺，便能讓自己著手進行工作。

處於當下

拖延症通常源於對我們會做得不好的恐懼，是未來的事情。當我們將注意力集中於當下，便能對我們的表現放心，並將精力導入我們正在進行的任務上。

回到你預期的焦點上

當意識到思緒飄移時，冥想讓我們學會將思緒導回我們的預期焦點上。同樣的原理可以適用於工作上——如果我們開始出現拖延傾向，我們可以拉回自己，並回到原本進行中的工作上。

關注並清楚你的最佳工作方式

留意能提升自己生產力的事物，能幫你降低拖延症的發生機率。請留意那些實際上對自己有幫助的，而不是你希望能有幫助的。例如，你可能喜歡在家工作的概念，但實際上，你在家工作時未必很有效率。

克服網路導致的拖延症

在網路出現之前，對抗拖延症就已經很困難了。心理學家暨注意力不足過動症專家阿里·塔克曼（Ari Tuckman）說：「網路上的內容隨時隨地都在變動，一個連結又導向更多連結。」他提出以下建議，避免上網時間會導致拖延：

接受你總是會想多看一點東西。 網路內容的設計旨在讓我們不斷點擊、觀看和閱覽，所以很容易花比我們自己預期更長的時間在瀏覽網路內容上。總有另一部影片想看、另一篇文章想讀、另一篇社群網站上的貼文想看。提醒自己，你得適時停止，且愈早愈好。

休閒娛樂之前先工作。 如果你必須使用電腦進行工作，請先進行工作，不要先關注社群媒體。否則你可能會不小心浪費所有時間在不必要的活動上。

設定計時器，中斷上網時間。 如本書其他章節的內容所述，計時器有兩個優點：提醒你重新回到工作，因為你清楚知道時間有限，它也能讓你享受休息時間。

如果沒有時間，就不要上網。 停止在網路上瀏覽比一開始就避免上網還要困難，因此最好不要在時間短缺的情況下上網。

寫一張自己做得到的待辦清單

你可以找到許多待辦清單的方式。心理學家阿里·塔克曼提出以下讓待辦清單發揮最大用途的指導原則：

1 **寫一張清單就好**。寫太多張清單既不必要，又容易讓你混淆。在一個重要的東西（例如：一本特殊的筆記本）上列下一張主要清單。

2 **經常使用它**。只有在我們經常參考清單時，它才能根據我們的需求發揮用處。

3 **在日曆上寫下完成待辦事項的特定時間**。不要直接看著清單做事，如果先保留一段做事的時間，我們會更有可能去完成它。

4 **刪除絕對不會做的事情**。如果實際上你永遠不會去做某件事，就別留在待辦清單上。刪掉那些項目並重寫清單吧，你也不用為此花費精神跟感到罪惡。

5 **定期更新你的清單**。在劃掉或新增一些事項後請重寫清單，並保持清單整齊。你花在更新清單上的時間會讓你做事更有效率。

6 **排列清單上事項的優先順序**。透過排序，你可以確保首先執行那些最高優先等級的項目，並且不用擔心先執行了排序較後面的事項上。

你準備好使用這些原則來寫下待辦清單了嗎？你可以使用以下範本來寫下你需要完成的事情，包括完成的期限。並排列每件事情的優先順序（如：低／中／高，或1到10）。最後，在日曆上安排每件事情的完成期限。你可以上網下載此表單，網址為：CallistoMediaBooks.com ／ CBTMadeSimple。

優先順序	事項	期限

本章小結及功課

在本章中，我們找出導致拖延的原因，通常起因於擔心事情做得不好或會面臨不愉快。負增強和適應不良的想法也會導致我們拖著不做該完成的任務。

思考、行動、處於當下的架構運用於許多克服拖延症的策略中。每個策略各自可能都會提供一些效果。舉例來說，研究顯示，運用生產力來作為回饋，實際上的效果有限。如果能結合這些方法，我們就能增加成功的機會。反覆試驗才能發現哪些方法最適合你。我們可以透過實踐來養成新的習慣並克服拖延症。

　　如果你下定決心要克服拖延症，提供你一項可著手進行的計畫：

1 仔細思考拖延症如何影響你的生活。
2 界定你打算完成的任務，或是你打算這週要完成，但總是難以迅速完成的任務。
3 從三項領域（思考、行動、處於當下）中選擇一至兩項策略來幫助你完成任務。請注意不要選太多策略以致於難以招架、適得其反。
4 追蹤進度，並記錄那些有幫助的事項。
5 必要時使用其他技術。
6 寫一份你在必要時刻可使用的技術清單。
7 將適合你的方法運用在其他可能會拖延的事項上。

　　還有啊，不用說你也知道，請準時完成任務並享受那份成就感及被減輕的壓力。每次在期限內完成工作就為自己喝采，並留意在無須為未完成事項擔憂時，你會感到多麼地自在放鬆。

第八章

解決擔憂、
恐懼和焦慮

難以招架的恐懼感是史上最折磨人的情緒之一。一旦我們深陷恐懼之中，我們的神經系統就處於高度警戒狀態，身體也準備採取行動，因此很難專注在任何其他事情上。在本章中，我們將思考恐懼的各種形式，以及處理它們所需要的工具。

肯德拉（Kendra）發現自己又嘆了口氣，並感到緊張性頭痛開始發作。她整個早上都在擔心母親的手術，並一再地想查看手機，看看她的父親是否打來告知情況。如果活組織檢查顯示她的母親有癌症怎麼辦？隨後電話馬上就響了，她嚇呆了，並笨拙地接起電話說：「爸爸嗎？」接著她聽到預錄的信用卡優惠方案，在她掛斷時，電話那一頭還傳入浮誇的音調。她感覺頭開始痛起來了。

我們跟肯德拉一樣，都有被恐懼俘虜的時候。我們可能經常擔心從未發生過的事情，或曾經在群眾面前演講時恐慌症發作。讓我們來看看認知行為治療如何看待這些經歷。

關於術語

心理學家常常在與恐懼有關的字詞中找尋差異之處：

- **恐懼**（fear）指的是當事者感到害怕，無論是什麼事物造成的。
- 相反地，**焦慮**（anxiety）則是跟想像中的威脅有關，無論現實生活中是否會發生。
- **擔憂**（worry）是一種特定的焦慮，我們會在還不確定的情況下，重複地想著那個我們最害怕的、最壞的結果。

舉例來說，我們會說彼得擔憂著他散步的時候會遇到狗，當他過馬路時看到狗，他會感到焦慮。當他在公園裡，有隻大狗朝著他跑來時，他會有強烈的恐懼感。

這些字詞我們經常使用，卻用得不夠精準，本章中我將會更精確地使用這些常用詞彙。

何謂焦慮？

過度地焦慮會使人耗弱，但如果都不怎麼焦慮也不好。我們需要一定程度的焦慮來激勵自己處理重要的事。

彼得躺在床上，內心跟自己爭辯著是否該再小睡一下。他看了一下時鐘，早上6點9分。他的火車還有不到1小時就會開走。彼得想像自己得搭下一班車的後果，這也代表今

天的第一場會議就會遲到。他的老闆肯定會不高興。彼得嘆了口氣，將鬧鐘關掉，拖著身子下床。

彼得所經歷的正是好的焦慮：足以讓他準時起床，但又不會讓他感到烏煙瘴氣而導致表現不佳。我們也跟彼得一樣，能根據我們的行動，想像未來的結果為何。無論是工作、第一次約會、工作面試、競賽或任何事情，我們都知道行動會影響結果。這項知識提升我們的能量和動力，讓我們達成最佳表現。回顧第一章所提及，認知行為治療著重於想法、感覺和行為之間的連結。在焦慮的狀態下，想法會圍繞著威脅，感覺到緊張和恐懼，並有極力避免最害怕的結果發生的行為。

當肯德拉等候母親的進一步消息時，她經歷的焦慮如下：

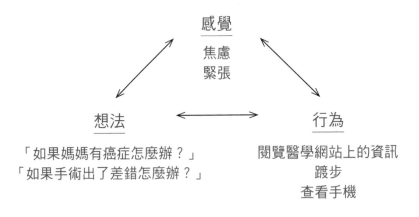

感覺
焦慮
緊張

想法
「如果媽媽有癌症怎麼辦？」
「如果手術出了差錯怎麼辦？」

行為
閱覽醫學網站上的資訊
踱步
查看手機

肯德拉對母親的健康感到擔憂，也使焦慮和緊張加劇，反過來導致她出現更加憂心的想法。她的感覺與行為彼此互動茁壯、相輔相成，導致她處於一個憂慮的緊繃狀態。

最理想的焦慮程度

　　一百多年以前，動物實驗家羅伯特・耶基斯（Robert Yerkes）和約翰・杜德遜（John Dodson）提供了一套清楚的、關於情緒與動機之間關連性的演示。他們測試了老鼠如何學習實驗室裡的任務。如果答錯了，就會依照錯誤程度給予不同程度的電擊。結果顯示最輕微的電擊導致學習進度緩慢，因為老鼠似乎對輕微的懲罰不為所動也不受激勵。最強烈的電極也會導致學習進度緩慢，因為老鼠似乎已達刺激的臨界點，使學習因此被干擾。

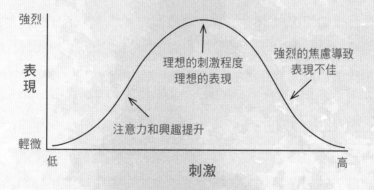

　　因為形狀很像一個倒著寫的「U」字，心理學家將此曲線稱為「倒U」曲線。

　　人類對焦慮的反應也呈現一樣的倒U曲線；過度或太輕微的焦慮都會損及我們的表現，最理想的焦慮程度則能使我們達到成功。例如，像是來杯咖啡等適度的刺激能夠提升我們的活力和專注程度，但太過焦慮則會使我們緊張，並感到過度刺激。

肯德拉焦慮的形式為表現出強烈的擔憂，然而，在我們的生活中，焦慮能夠以許多不同的方式呈現。

恐懼的多種面貌

焦慮症是最常見的精神病學診斷，它涵蓋了多種疾患。在最新的修訂版中，《精神疾病診斷與統計手冊》第五版（The Diagnostic and Statistical Manual of Mental Disorders, 5th edition，DSM-5）中，編者已將強迫症和注意力不足過動症從焦慮症的分類中移除，並各自放入獨立的類別中。

進行這項變更有很多原因，但普遍仍認為這兩個症狀都會導致強烈的焦慮。注意力不足過動症和強迫症的治療方式也和焦慮症相似，因此他們還是放在本章節中討論。

特定對象畏懼症

對特定刺激源出現過度的恐懼是畏懼症的表徵。當事人可能會意識到自己的恐懼過頭了，但這並不會使得擺脫恐懼變得輕鬆。最常見的現象是避開害怕的事物或情境。

任何事物都可以是恐懼症的主體，但有些事物特別典型，包括：

- **特定情境**（如搭電梯、搭飛機）
- **天然環境條件**（如暴風雨、高的地方）
- **動物**（如蜘蛛、蛇）
- **針頭導致的傷口**（如捐血、打針）

社交焦慮症

在社交場合中，會感到有點焦慮是正常的，特別當我們當眾表現或是被評論的時候。當社交恐懼太過強烈，會造成強烈的苦惱或使人避免任何需要社交的場合。常見的情況包括：

- 當眾演講或簡報
- 和一群人講話
- 在他人面前吃東西
- 參加派對
- 備受矚目
- 與他人持不同意見
- 和素未謀面的人見面

在以上的情況下，人們會害怕作出令自己尷尬的事，或在他人心中留下不好的印象。因為難以消除恐懼，所以持續地出現社交焦慮的情形。就像我們不確定來賓是否會喜歡我們在婚禮致詞的內容，即使他們聽完給予掌聲，並且當面告訴我們：「說得真好！」社交情況總是充滿不確定性，也使我們的恐懼揮之不去。

恐慌症

恐慌症發作起因為強烈的焦慮感迸發，通常伴隨著出汗、心跳加速和呼吸短促等生理現象。恐慌的感覺通常出自於我們對現實的感受產生變化，像是覺得事情不是真實的（「現實感喪失」）或感覺與我們的個人經驗脫節（「自我感喪失」）。

大部分的人一生中都至少會經歷過一次恐慌症發作的情形。當恐慌轉化為恐懼，總是害怕壞事（像是：「我快中風了！」）會發生，或是老擔心著下一次恐慌症什麼時候會發作，就會導致病症。

恐慌症發作的感覺非常不好，以至於有恐慌症的人通常會避免任何觸發恐慌的因子，特別是難以逃離的情境，像是橋梁、電影院（尤其坐在中間幾排）和火車。這類型的逃避可能需要進一步診斷是否為懼曠症。

「身而為人，就得在對未來的期待和接受不確定性之間取得平衡。擔憂的出現是失衡的警訊。」蘇珊・M・奧斯魯和伊莉莎白・羅默，《正念力打敗焦慮》作者

廣泛性焦慮症（GAD）

焦慮症患者會有即刻的危機感，廣泛性焦慮症患者則是對未來事件有焦慮感，而且會不斷地延伸。廣泛性焦慮症的核心是持續地擔憂各種大大小小的（所以稱為「廣泛性」）事情。我認識的某人曾說廣泛性焦慮症就像是期末考的壓力感，並適用在人生中的所有情況。廣泛性焦慮症患者過多且失控的擔憂會導致如注意力不集中、睡眠困難、肌肉緊張和不安等症狀。

創傷後壓力症候群（PTSD）

在我們歷經可怕的創傷事件後，焦慮是可以理解的反應。任何會對我們的身體健康造成威脅的事情，都可能導致創傷後壓力症候群，像是天然災害、車禍、搶劫、性侵和爭鬥等。目睹他人發生可

怕的事，或是得知身邊親近的人所經歷的創傷，都可能會導致罹患創傷後壓力症候群。

在經歷一場浩劫之後，大多數的人會出現以下的症狀：

1 **重新想像和回顧經歷**。包括侵入性記憶、做惡夢、當回想起事件時會有強烈的情緒反應等。

2 **逃避**。包括嘗試不去想創傷事件，也迴避會讓當事者想起該事件的人、事物和地點。

3 **思考和情緒改變**。例如，我們可能開始將世界視為一個很危險的地方，並認為自己無力面對。我們也可能開始不信任他人，卻又自相矛盾地出現鋌而走險的行為。同時我們也可能會較少展現正面的情緒，且很容易就有負面的情緒。

4 **過度警覺**。這代表我們的神經系統處於高度警戒。我們可能難以入眠或專心，且總是檢查周遭環境是否有危險。

上述是非常典型的創傷後反應。判斷是否罹患創傷後壓力症候群的標準是，患者出現上述症狀，並持續一個月以上。

強迫症（OCD）

我們的大腦能夠偵測到潛在的危險並試圖避開它們。如果這項基本功能故障，就可能導致強迫症。所謂的**強迫型思考**是一再地想著不好的事物可能發生，像是生病、觸怒神明、火災或傷害他人。我們很自然地會想要避免這種令人退避三舍的結果發生，因此產生難以抗拒的衝動，想要以**強迫型行為**來消除這些對恐懼的執念。

和強迫型思考—強迫型行為循環相關的例子包括：

害怕生病　→　洗手

害怕撞到行人　→　檢查後照鏡

害怕褻瀆神　→　進行禮儀式的禱告

透過第七章談到的負增強（請見第106頁），強迫型行為可能會被強化。同時，強迫症患者也常在強迫型行為後感到不安，因為沒有辦法確定他們所擔心的事情不會發生。因此，強迫症患者可能會重複強迫行為，每天可能會花數小時在強迫型思考和強迫型行為的循環當中。

雖然心理治療可以改善許多病症，強迫症卻需要一種特殊的療法，最佳療法為「暴露與反應預防法」，這也是一種認知行為治療療法。誠如其名，此方法是透過將患者暴露在與強迫症相關的恐懼當中，並放下對強迫行為的執念，以控制病情。

其他表現形式

即便你的情況不符合任何精神疾病診斷與統計手冊第五版（DSM-5）中焦慮症的標準，恐懼也會對你的生活產生負面影響。例如，我們因恐懼而作出的那些微妙又一致的決定，可能會對我們的生活產生深遠的影響。更重要的是，這些恐懼的表現形式如此普遍，我們甚至都沒有意識到。這些恐懼雖不會讓我們陷入令人失能的疾病，但會讓我們無法好好過生活。

恐懼的表現形式如下：

- 對成功感到恐懼而阻礙自己前進。
- 因為害怕失敗而逃避承擔合理的風險。
- 活在我們認為別人對我們的期待中，而不是依照自己希望的方式生活。
- 逃避依附於真正的親密關係所伴隨的脆弱感。
- 經歷因恐懼而生的憤怒（例如，某個我們愛的人遲到了，因為我們擔心他們的安全而對他們生氣）。

靜下來花點時間想想恐懼如何出現在你的生命中。儘管恐懼的產生是為了確保我們的安全，但如果讓它主宰我們的行動，它也可能使我們無法自在地生活。讓我們來看看哪些工具可以緩解焦慮。

處理擔憂、恐懼和焦慮的策略

有許多工具可以處理難以招架的擔憂、恐懼和焦慮情緒，包括認知、行為和正念技巧。

思考（認知）

一旦我們的恐懼被激發，我們可能會產生讓恐懼加深的想法。例如，如果我們害怕搭機，我們可能會說服自己飛機要墜落了，於是讓我們的恐懼更強大，也讓我們卡在不良循環（指本章節開頭所述，認知行為治療的焦慮模型）裡。透過挑戰焦慮的想法，我們可以中斷這項循環。

焦慮和你的大腦

　　想像你正走過樹林，並聽到有東西滑過地面的聲音。光線打在那個物體上，反射到你的眼簾中，並落入視網膜，發出訊號到大腦的中繼站（視丘）並進入大腦後方的原始視覺區域。這項資訊又傳遞到大腦的其他地方，包括記憶區中符合「蛇」這個概念的記憶。

　　於是你碰到蛇了的事情便傳遞到其他區域，包括埋在大腦深處的杏仁核，其為掌管恐懼及其他情緒表達的中心。你的大腦怎麼會分辨出，腳邊的蛇是可怕的，而動物園裡玻璃櫥窗的蛇卻不可怕呢？杏仁核會接收海馬迴傳遞過來的訊息，而海馬迴的功能在於理解情境。因為海馬迴發揮作用，下次再走進這片樹林裡，就算沒碰到半條蛇，你可能還是會感到害怕。

　　從杏仁核傳來的訊息會進一步去刺激一個叫做下視丘的區域，並刺激交感神經系統中啟動「戰鬥或逃跑反應」（fight-or-flight response），使之釋放如腎上腺素等壓力荷爾蒙。

　　下視丘也會刺激腦下垂體釋放荷爾蒙到血液中，並流經腎上腺體（位於腎臟的上方區域），使之釋放其他如皮質醇等壓力荷爾蒙。

　　多虧這些協調反應，我們能辨識出威脅，作出如躲開蛇等反應，並好好地生存在地球上。

與生存同等重要的是，我們也學會對於某些刺激源感到害怕，在最低程度的危險中，我們也學著無須感到過度害怕。這項學習過程仰賴我們提供大腦新資訊，避免我們因為焦慮而選擇逃避。舉例來說，如果我因為小時候被狗攻擊過，就一直避開有狗的地方，那我就不會知道我年幼時的經驗並非我和狗的典型互動經驗。透過練習正念和認知行為技巧來處理恐懼和焦慮，我們也在訓練這些大腦區域改變對令我們害怕的事物的反應。

　　注意：當我們承受的焦慮已達難以招架的程度，我們很難或根本無法合理地與自己對話。這些技術在我們被焦慮壓垮前使用、且合併使用行為和正念技巧較為有效。

　　請記得焦慮並不危險。我們常對焦慮的產生感到害怕，認為感到焦慮是危險的。然而，焦慮或許會讓人感到侷促不安，但焦慮本身是無害的。更甚者，對焦慮產生恐懼只會加深焦慮的程度。請記得即便當嚴重的焦慮感發作時，無論是生理上的、心理上的或是情緒上的症狀，都不會傷害到你。

　　重新評估危險可能發生的機率。我們內心的恐懼會說服我們，害怕的事情即將發生。但請記得，焦慮症的定義是對現實中的危險存有不切實際的恐懼，事實上，這些恐懼發生的機率可能相當低。如果你的恐懼告訴你：「很糟糕的事情要發生了喔。」你可以使用

第五章的核心信念表（請見第79頁）來測試這項信念。支持這項信念的證據力有多強？是否有其他事證反駁這項信念？這件事之前是否發生過？若是，那發生的頻率呢？如果你在自己的思考中發現了錯誤，請根據所掌握的證據，重新評估你所恐懼的事物實際發生的可能性。

重新評估威脅的嚴重性。有時我們的思考偏差不是關於負面結果的可能性，而是關於後果的嚴重程度。例如，喬認為如果人們知道他在講話時會感到焦慮很糟糕。當他檢視這個想法，他意識到人們可能確實會透過他顫抖的聲音或顫抖的手得知他很焦慮，但意識到這可能沒什麼大不了的。畢竟，他以前聽過一些演說者似乎很緊張，但他們的焦慮並沒有影響到他對這個人的整體看法，也不影響演講品質。

為何擔心？擔心是一種很難改的習慣，特別是因為我們通常相信其存在是有道理的，我們會這樣告訴自己：

- 擔心會讓我們去想解決問題的方法。
- 擔心能防止我們被負面訊息所蒙蔽。
- 擔心就代表我們在乎。
- 擔心能讓事情變好。
- 擔心會讓我們更有動力。

這些想法通常都是錯的。就像儘管想像著最壞的情況，就算真的發生了，我們也無法避免可能的痛苦，而且還會承受龐大且不切

實際的擔憂所帶來的壓力。

測試你的預測。這項技巧結合了認知和行為方法。當你發現在特定情況下恐懼有一套演變的模式，你可以設計一項方法來驗證這項預測是否準確。

> 莉莉在工作上面對大量的社交焦慮問題。她被恐懼說服，認為一旦在會議上開口說話，她的客戶會忽略甚至批評她的想法。在會議開始前，她將這些預設的結果寫下，並大膽試著主動說出她的想法。當她開口時，大家看起來有些驚訝，但沒有人批評她的想法。事實上，她的主管還要她帶領一個小組來執行她的提案。會議過後，莉莉將實際結果和她的預測結果進行比對。

如果我們在第五章所討論，我們的核心信念會扭曲我們的記憶來獲得增強。將我們的預測出錯的情況記錄下來非常重要，這能幫助我們解讀和記下與我們的預測結果相反的資訊。至於如何測試我們的預測結果，則需仰賴暴露在相關情境中，我們將於本章後半部進行探討。

行動（行為）

當我們改變對感到焦慮的情況的反應時，我們便能產生新的行為來降低恐懼。讓我們來看看使用行動來克服焦慮的相關策略。

主動靠近恐懼之事物。認知行為治療中，「暴露治療法」指的

是把「正面迎接我們的恐懼」，當作是避免焦慮持續的解藥（當然前提是假設我們的擔心實際上並沒有太大危險，如果是去挑戰一隻會咬人的狗，反而不會消除我們對動物的恐懼感。）當暴露在我們所害怕的事物中，我們可以透過以下途徑來降低焦慮感：

- 讓我們的神經系統學習到這項危險是被誇大的。
- 我們能面對恐懼而不感到崩潰，這會給我們信心。
- 增強我們對焦慮並不危險的覺察。

　　許多研究結果發現，暴露是一項用來對抗過度焦慮的強大武器，我們在本章後半部會透過逐步的計畫來實施暴露。

　　正面迎接感到恐懼時的生理反應。對於焦慮「感到焦慮」，將使得焦慮症變得更難克服。恐慌症的特點就是對於與恐慌相關的生理感受感到害怕。例如，因為跑步後呼吸急促和心跳加速的現象與恐慌反應相符，患者可能就選擇不跑了。避免生理反應只會加深我們的恐懼，並讓我們對這種感受更敏感。暴露療法能降低我們對焦慮的生理症狀的恐懼，像是做開合跳讓自己上氣不接下氣、坐在辦公椅裡旋轉並感到暈眩，或是穿保暖的衣物讓自己流汗等。反覆進行這些事情能減少我們對生理感受的恐懼。

　　放下安全行為。當我們必須去做一些讓我們害怕的事情時，我們通常會採取能避免害怕的事發生的行為。像是我們害怕演講到一半腦筋一片空白，我們可能就會帶小抄，並唸完整場演講。其他的例子如：

- 在社交場合中把手叉進口袋,避免透露出手顫抖的樣子。
- 為了避免冒犯他人而過度謹慎。
- 因為焦慮所以旅行中需要有伴。
- 一封 email 發出前須經三度檢查,確認無誤才能發出。

安全行為裡有兩個主要的問題。第一,它讓我們覺得事情原本會變得更糟,因此鞏固了安全行為且讓恐懼更恆久。其次,它會損及我們的表現,當一位好講者太依賴他的小抄,他就無法與聽眾建立連結。

現實生活中,我們大多數的安全行為都是徒勞無功的,但因為我們總是這麼做,所以不會發現(就像一些我們不敢不遵守的迷信一樣)。我們可以停止採取安全行為,看看結果是否與我們預期的有出入,來直接測試這些安全行為是否真的必要。

處於當下(正念)

透過專注於當下和練習接受,正念提供我們一些管理恐懼的方法。如果你還沒閱讀第六章,我建議你先讀過,再來看本章節內容。

呼吸訓練。我們的呼吸和焦慮緊密相連:當感到放鬆時,呼吸會緩慢且均速;當感到害怕時,呼吸變得快又急。你現在就可以做個比較,先快速且大口地吸氣及呼氣,並觀察你的感受。接著緩慢且均速地呼吸,現在你感覺到差異了吧?當我們感到焦慮時,可能不會發現呼吸也隨著焦慮感產生變化。一旦我們對呼吸的品質有所

覺察，我們便能練習更放鬆地呼吸：

1 慢慢地吸入空氣，數到二。

2 慢慢吐出空氣，數到五。

3 吐氣之後，暫停一下，數到三。

4 從步驟一開始重複5到10分鐘，每天做一到兩次。

　　練習將注意力集中到呼吸上，能適時幫助放鬆地呼吸，尤其是當你很需要這麼做的時候。當你覺得焦慮感開始產生，請練習調整呼吸。

　　專注於當下。焦慮會佔據我們所有心思，並將注意力導向未來。透過練習，我們可以訓練把思緒拉回當下。當我們擺脫對未來的恐懼時，就能降低焦慮對我們的影響力。使用你的感官，讓它帶你體驗當下，請好好地關注於眼前所見，以及你的感覺等等。請謹記，目標不是消除焦慮感，這是行不通的。只需要將你的思緒放在此際的體驗，並在後顧之憂佔據注意力時將它導回。

　　將注意力導向外在事物。某些焦慮的狀態下，特別是恐慌、社交焦慮和患病焦慮，會讓人對自己特別關注——自身的焦慮症狀、我們的心跳速率、擔憂時會有的身體感受、我們談話的對象如何看待我們等等。這些念頭只會強化我們的焦慮和不安。正念讓我們得以將注意力導向外界，看看這個世界上還有哪些事情正在發生。舉例來說，我們開始注意周遭的人在做些什麼，此刻天空的輪廓是怎樣的，或是每天都會經過，卻從未真正端視的行道樹的模樣。我們

可能會發現這麼做不僅打斷了焦慮所導致的自我聚焦（self-focus），還進一步地豐富了生活的體驗。

接受你擔心的事確實可能發生。我們之所以恐懼和擔憂的部分原因是，內心抗拒害怕的事情可能會發生。我們無法確知事情未來會如何發展，但總是試著去掌控結果。一旦我們接受這點：無法控制的事情可能會發生，我們便能擺脫壓力。我們認知到演講內容可能真的變糟糕的，或我們的健康可能出問題，意外總會發生，悲劇可能會降臨到我們愛的人身上等。要去接受這些事情，一開始可能會提升焦慮感（或許也是我們拒絕接受的原因），但一旦放下本來無一物的控制欲念，便能換來內心更巨大的平靜。

包容不確定性。本著接受的精神，我們可以承認——甚至包容——我們的生活中存有不確定性。沒有人可以真的確定事情會如何發展，而那未解之謎可能讓人害怕，尤其當我們總是想要控制所有事情時。生活的本質本為川流不息、充滿驚喜及不可預期的，讓自己適應這些特質，能讓內心獲得解放。我們居住的世界本質便是如此，既來之，則安之。

練習暴露療法

想正面迎接我們的恐懼是一回事，實際做又是另一回事。認知行為治療中有一套結構化的方法，能為暴露療法帶來很大的幫助。有效的暴露包含以下原則：

- **刻意的**：暴露所指的，並非僅僅是在害怕的事情發生時，選擇不去逃避那麼簡單，而是刻意接近害怕的事物，這麼做也同時會重新教育大腦。
- **漸進式的**：剛起步時先嘗試簡單的事情，再逐漸提高挑戰難度。
- **延長的**：我們要學習新事物就得與恐懼共處，不能逃避。
- **重複的**：多次正面迎擊能夠化解我們的恐懼。

秉持以上的原則，便能按照以下步驟來克服恐懼：

1 **列出面對恐懼的方法**。各種方法的實施難度不一。發揮創意，想像各種會引起恐懼的情況。

2 **評估各個方法的難易程度**。盡量預測在各個情境下你的痛苦程度。通常1-10的分級就很好用了，但你也可以使用其他你所偏好的分級方式。請見以下範例。

3 **按照難度高低排列優先順序**。以下將暴露依序排列的表格稱為「階層表」，你也可以建立適合自己的焦慮階層電子表單。在審視表單時，是否發現其中有較大的數字差距，像是從 2 跳到 7 ？如果有，請調整項目難度，讓它們更簡單或更難，並且再加上一些難度介於中間的項目。例如，與所愛的人一起從事較難的活動，會降低這個項目的難度，也對過渡到獨立完成這件項目有所幫助。

傑森決心要克服他對開車的恐懼。他的暴露階層表簡化版本如下：

活動	痛苦程度（0-10）
獨自在快速道路上開車	9
在快速道路上開車，並有一位友人陪伴	7
開車去工作	6
開車去商店	5
在社區裡開車	4
車子不發動，僅坐在駕駛座上	2

4 **計畫並完成初步暴露。** 從暴露階層表中選擇一個項目，並安排一個特定的時間完成它。最好能選擇一項難度約中低度的項目——因為這樣的難度容易圓滿達成，也能帶來完成後的成就感。

5 **請務必遵循有效暴露的四個原則，特別是挺過痛苦的階段。** 不用到焦慮感完全消失這種程度，只要在某個時間點感到焦慮感逐漸降低就是好的。逃避一項暴露活動很可能會強化我們的恐懼。也請注意不要採取安全行為，如果你正在對抗強迫症，則不要從事強迫型行為。

持續地從事暴露階層表上的項目。反覆地從事表上的每一個活動，直到開始覺得得心應手。暴露項目的實施時間，應該要近到可以累積新學到的知識。像是，每日實施的效果會比每週實施的效果

更好。但是請謹記，時間間距不是愈近愈好，一天完成一種項目的效果，會比一天塞入四種項目的效果更佳。

一旦你準備好了，就請進階到更困難的下一步。過程如爬梯，先成功征服較低的階層，隨著不斷向上攀升，持續邁向成功。如果你無法完成較具挑戰性的項目，請返回較低階層進行練習。這個現象很正常，因為各個階層的恐懼程度不同，而我們通常會在某個無法預測的時機悟出這個道理，所以不要讓一時的挫折擊潰你。按照計畫持續練習就對了。

進行暴露項目，必要時請再次回顧那些原則。也可以將「思考、行動、處於當下」的任一策略併入暴露療法中，像是接受痛苦。暴露療法不僅能減輕你的恐懼，也會增加忍受痛苦的意願及能力。

本章小結及功課

如果我們讓恐懼恣意而為，它會用各種方式主宰我們的人生。在本章中，我們檢視了一些常見的焦慮狀況，以及焦慮如何以各種方式影響我們的體驗。也導入許多「思考、行動、處於當下」的策略，來幫助你克服排山倒海的焦慮和恐懼，重新導正你的生活。這些策略彼此可以互相加成，像是在暴露的過程中，練習接受我們擔心會發生的結果，並測試我們預測結果的準確度。透過有系統地實踐暴露程序，我們可以將克服恐懼的決心轉化為真實的進步。

一旦你準備好要面對你的恐懼，可以從以下的方法著手：

1. 畫出你所恐懼的事物的認知行為治療關係圖，定義相關想法、感覺、行為以及它們之間的關係。

2. 尋找恐懼如何影響你的微小細節，那些當下並不明顯易見的方式。

3. 從「思考、行動、處於當下」的範疇中選擇策略，並在未來的日常生活中實踐。

4. 如果你有一些適合暴露療法的、特定的恐懼，請從第 1 步開始，並持續逐步進行。

5. 以持續地自我照護（請見第十章）來平衡面對恐懼這項艱難任務。對自己仁慈將能幫助你通過難關。

第 九 章

保持冷靜：
處理多餘的憤怒情緒

　　憤怒是一項很強烈的情緒經驗，可以帶來正面效益，也可以讓生活變糟。在本章中，我們將審視有害的憤怒情緒，以及有效處理的方法。

　　在等待電話那頭的人回應時，艾倫瞥見鏡中的自己並大吃一驚。他的臉脹紅，表情憤怒，自己看到都覺得好笑。「我看起來像發瘋了。」他對自己說。他的磨難始於45分鐘前他打電話去要求更換他訂購的產品。他試了好幾次才通過自動提示那道關卡，因為他一直被擱置，且在等待幾分鐘後就斷線，將他踢出系統。當他終於跟一位接線人員通話時，他就開始發怒了。當他開始抱怨時，電話那頭的人似乎聽起來不太有同理心，且在他說明換貨的需求時，她引述了公司策略：「我們有14天的退換貨期限，而且很遺憾，沒有例外。」艾倫耐著性子，描述了自己的處境：14天退換貨期限過後還沒收到貨品，他最近搬家，還沒註冊新的地址……等。那位專員冷靜地答覆：「先生，顧客有義務更新他們的地址紀錄。」

盛怒之下，艾倫告訴她：「請叫一個聽力沒有問題的人來跟我講話。」

「請稍後，我幫您轉接。」聽了 5 分鐘的等候音樂後，又斷線了。艾倫得非常努力才能克制不將手機往牆上摔。20 分鐘過後，一樣的對話重現，聽了一堆專有名詞之後，他要求「跟某個真的在乎客戶服務的人對話」做為結尾。

我們都有過令人不愉快的經驗，對象可能是客服人員、客戶、朋友、配偶、父母、孩子、老闆或陌生人。若能適當地加以引導，憤怒能帶來正向的能量。但過度憤怒會對我們的健康和人際關係產生不利的影響。

首先，我們先來探討什麼是憤怒，以及它如何展現，然後接著來看管理憤怒的方法。

了解憤怒

有很多詞可以用來形容我們的憤怒經驗。煩躁（Annoyance）和惱怒（irritation）描述的是較輕微的憤怒，而盛怒（rage）和暴怒（fury）則是指更強烈的情緒狀態。憤怒的本質也有所不同。當邁向目標的過程中受挫時，我們會感到沮喪；當憤怒和懷疑的情緒混雜在一起時，我們會很生氣；當我們認為正確的觀念被嚴重違反，我們會感到憤慨。其他描述憤怒的詞彙間也有些細微的差異：忿恨不滿的、懷恨的、氣憤的、狂怒的、暴跳如雷的、被激怒的、懊惱的、生氣的、激盪不已的、發怒的等等。

這些形容詞有一個共通點。它們或多或少都有受委屈的感覺。我們對事情的進展會有期待，在某人或某事導致比我們預期之中更差的結果時，我們很容易會生氣。當事情不如我們所預期地發展時，我們的想法會大大地影響對我們的憤怒程度。在艾倫和客服人員互動的經驗中，他心想：「這完全是在浪費我的時間。」在他有意識的覺察底下，蘊藏著一個連帶的想法：「這些人不在乎他們正在浪費我的時間。」他對事情的詮釋讓他感到憤怒。

　　艾倫也想過要表達憤怒。在憤怒的感覺產生後，他開始覺得他必須懲罰電話那頭的人，因為她錯待了他。他對自己說：「他們要搞清楚我不是任人擺佈的傻蛋。」

　　艾倫沒有發覺到，他的身體自動產生反應。他的血壓和心跳都隨著注意力集中在令他發怒的標的上而升高。當他的交感神經系統完全被活化時，呼吸也變快了，戰鬥的動力大於逃跑，他準備好要開戰了。

我們可以拆解憤怒的組成，好好地理解它，並在整個過程中找到可介入的切入點。我們的憤怒模式始於一個被觸發的狀況——某些與我們對自己應如何被對待的期待相左的情況。我們的核心信念（請見第五章）所驅動的思考，將會引發情緒和生理反應。這些想法、感覺和身體感受共同構成了我們的憤怒主觀經驗。

在這個模型中，我們得以在憤怒的經驗和展現憤怒之間作出重要區隔。前者明顯會影響後者，因為我們必須先經歷憤怒，才會想要表達出來。但是，我們可以選擇是否要展現憤怒，或是如何表達憤怒。

體驗憤怒

例如，當有人切入我們的車道時，我們可以決定不受怒氣綁架而選擇還擊。或是引導憤怒的感覺，轉化為較謹慎的反應並保有智慧。也有些時候，我們可能會毫無保留地憤怒，用苛刻的言語甚至是肢體反應來攻擊令我們憤怒的標的。在極端的情況下，失控的憤怒可能會導致凌虐或甚至殺人。

我們的想法會強烈地影響我們表達憤怒的方式。當有某些信念時，我們會更容易因憤怒而採取行動，像是他人對我不好，我要懲罰他們。這些信念會對於憤怒表達有許可的效果，例如：「我應該教訓教訓他們」或是「這是他們應得的」。

運用憤怒

和其他情緒一樣，憤怒的存在有其道理。憤怒是一種高能量的狀態，能夠給我們動力去捍衛自己及正確的事情。例如，社區附近不斷地有車輛闖紅燈，那是個車流量大的十字路口，也是許多家庭要去公園的必經之路，我和我的孩子們也常在那裡等著過馬路。我的正確認知——孩子們需要一個安全的十字路口，讓他們過馬路

——被侵犯了，由此引發的憤怒使我聯繫了當地的政府機關來增加路口的安全措施。憤怒可以有如此強大的激勵作用。

憤怒也能向他人明確表示他們侵犯了我們的界線。當有人生氣時，通常會吸引我們的注意力，所以憤怒事實上能夠促進清晰的溝通。確實，「憤怒表達不完全」和「過度表達憤怒」都可能會造成問題。如同焦慮一樣，一旦憤怒的代價大於效益，就可能變成問題。即便沒有明顯的理由，我們也可能時常在生氣。也可能貿然作出錯誤的解讀，進而導致憤怒，像是假設他人正在批評我們，但事實上並沒有。又或者是無法擺脫憤怒的的情緒，或是以不健康的方式表達我們的憤怒。

有幾種心理疾患可能會引發憤怒。雖然憂鬱症明顯讓人聯想到感覺失落，但易怒也是一種很常見的症狀。易怒或甚至攻擊行為，都可能是創傷後壓力症候群患者過度警覺的表現。廣泛性焦慮症患者無止盡的擔憂也會導致易怒。同樣地，如果強迫症患者認為他人觸發了自己強迫型行為的消長，他們也可能會生氣。如何面對可能誘發過度憤怒的潛在狀況至關重要。隨著症狀改善，憤恨和易怒的情況也應減輕。

導致過度憤怒的原因

　　每個人經歷和表達憤怒的頻率與強度不同。以下心理歷程與高度憤怒有關。

選擇性注意

　　易怒的人往往也容易關注引發他們憤怒的事物。例如，特別會注意到其他駕駛人的冒犯行為，或在意他們的伴侶對自己的批評。我們愈是在意這些事物，就愈可能容易感到憤怒。

偏見思考

　　如同第五章的內容，在誘發事件發生時，我們的核心信念會左右我們的思考。我們愈是認為他人的行為帶有敵意、充滿不諒解等，我們就愈容易發怒。

反芻

　　我們很容易深陷令我們生氣的事物中，在腦裡反覆地想著它們。在腦中重複播放那些令我們不快的互動，想著他人怎能對我們如此不公，甚至捏造可能根本不會發生的爭執情境。回顧與憤怒相關的記憶和情緒只會加劇我們的憤怒。

處理過度憤怒的策略

典型的憤怒是快速且衝動的。我們會說愛生氣的人脾氣很大、很火爆。我們生氣時會想宣洩出來。因此，我們需要讓情緒緩和的方法，冷靜下來，並給自己一點空間選擇我們該如何反應。緩解憤怒的各種策略都是為了要讓自己掌握主導權，而不是被情緒所左右。以下將介紹屬於類似「思考（認知）、行動（行為）、處於當下（正念）」範疇的技術。

思考（認知）

- **了解觸發憤怒的事物。**大多數的人，身邊都多少有些人事物會不斷地考驗我們的耐心。常見的例子包括開車、時間壓力、我們愛的人與我們在某件議題上的意見分歧。應對憤怒的眾多策略中，我們首先要了解什麼事物可能會激怒自己。請花點時間寫下通常會觸發你憤怒的事物。

- **記住過度憤怒的代價。**當沉浸在憤怒之中，很容易忽略後果。你嘗過哪些憤怒的代價，讓你願意付出努力去處理它？憤怒如何影響內心的平靜？如何影響你與他人的親密關係？如何影響你的職業生涯？

- **檢視你的想法。**使用第四章的技巧來檢視自己那些充滿怒氣的想法。尋找可能會使憤怒加劇的思考偏差。想想是否有其他更合理且不那麼令人惱怒的信念或解釋。

事前做好憤怒管理規劃

　　憤怒事件不會憑空發生，通常會有具體的前因後果。事後我們通常能梳理出，哪一系列的事件會使我們感到憤怒。這些條件就像乾柴，只需要一點火花就能點燃我們的怒火，透過練習，未來我們可以在發怒之前先察覺警告標示。一旦能事先察覺，我們就可以使用以下策略來緩和：採用有幫助的想法，平靜地呼吸來降低情緒起伏，給自己充足的時間，將壓力降到最低，以及其他本章節中介紹的技巧。生氣在所難免，但我們可以透過事前計畫來盡可能地避免陷入怒火中。

　　地下室的燈又是亮著的。瑞克大罵。他惱怒地想著：「孩子們總是忘記關燈！」然後他意識到——這只是本週第二次如此罷了。瑞克還是希望他的孩子們會記得關燈，但在審查自己的想法後，他也感到怒氣削減了一些。

要在怒火中燒的當下轉變思考是不太可能的，因為怒氣可能大過於理性。當下只需要稍微注意腦海裡出現的念頭，感覺較平靜時再重新對其進行評估。

- **質疑你認為的「應該」**。「應該」一詞經常出現在引爆憤怒的想法：

> 「這應該沒那麼難。」

> 「他們應該對我好一點。」

> 「這些司機應該開得快一點。」

這些「應該」的句子，通常反映出一項思考偏差，我們可能期望一個特定的結果，然而實際上並沒有人侵犯我們。審視我們的被侵犯感能減少不必要的憤怒。

- **安撫自己**。用你安慰一個受挫的朋友的那種方式，練習跟自己說話。想一些詞彙或句子，可以在你要生氣的時候鼓勵自己冷靜下來。例子如下：

> 「放輕鬆。」

> 「冷靜點。」

> 「深呼吸一口氣。」

> 「無須大發雷霆。」

- **注意自己是否正在助長憤怒相關的思考**。即使事實上不存在任何誘發憤怒的事物，透過想著這些事，也可能會點燃我們的怒火。在怒氣上鑽牛角尖的行為包括想像會激怒我們的對話——或甚至因為自己憑空想像與他人間的互動而生氣。正念練習非常適合用來幫助導正過度思考（請參閱第六章）。

- **記住更大的目標**。憤怒將我們的注意力限縮在使我們憤怒的事情上，這會影響原本更宏大的目標。例如，當孩子惹火我們的時候，我們可能會忘記想要建立的親子關係。寫下憤怒干擾目標的方式。當你感到怒氣升高時，提醒自己什麼才是真正重要的事。

- **質疑你對他人行為的詮釋**。當我們犯錯時，我們傾向找尋外部因素並究責於它們。當他人犯錯時，我們卻會責怪當事人。例如，我曾經很討厭晚上不開車燈的駕駛，即便我開遠光燈提醒他們，他們也不開車燈，我認為他們很白癡。之後某天晚上，我犯了同樣的錯，在到達目的地前都沒發現我忘記開車燈。我意識到誰都可能會犯這個錯誤，於是就不再因為這些不開車燈的駕駛而感到惱火。

  當你發現自己將他人的過錯歸咎於他們的人格特質，請問問自己，是否有其他更仁慈跟準確的說法。或許那個超你車的駕駛正在跟醫師講電話，討論他那生病的孩子，他並非故意要當個混帳。我們如何看待他人的行為，會對憤怒產生很大的影響。

- **質疑你的「必須」假設**。憤怒會導致專橫，「我必須好好給那個駕駛一個教訓」、「我的孩子必須停止跟我頂嘴」、「你必須承認我是對的」。這些想法可能會迫使我們採取很快就感到後悔的行動，因為這些想法通常都是言過其實的個人見解。例如，我很希望你承認我是對的──不過就算你不認為又怎樣？生活還是要繼續啊。正念裡「接受」的做法（請參閱第六章）很適合運用在這些情境。

- **質疑生氣反應的效用**。我們常為憤怒而辯解，無論是憤怒情緒的產生或其所導致的行為。例如，大多數採取報復行為的駕駛人都會說自己是為了給對方一個教訓，這樣他們才會改進。但這真的有幫助嗎？我們沒有可以直接回答這個問題的數據，但請試想：你是否曾經因為一個憤怒的騎士的舉動，而下定決心要變成更好的駕駛呢？請你謹記這個想法，一旦發怒聽起來是個好計畫，請先思考再三。

行動（行為）

　　我們透過行動來經驗和表達憤怒。請想想以下能幫助你管理憤怒的行動。

　　充足的睡眠。誠如我在賓州大學的同事們的發現，睡眠不足會降低我們對輕微挫敗感的忍受能力。睡眠不足也會降低我們的自制力，增加侵略行為甚至暴力行為的風險。關於睡眠的更多資訊，請參見第十章的內容。

　　注意身體不適的狀態。身體狀態會大幅地影響我們的怒火和憤慨。肚子餓的時候、疼痛，或其他不適，會讓我們更難控制怒氣。我的個人經驗是常會在煮飯的時候變得暴躁，常把食物給煮過頭了。有時候，像是大熱天脫掉身上的毛衣，這樣簡單的事，就可以帶來奇蹟。我們愈照顧身體健康，就愈不容易發怒。

　　給自己足夠的時間。遲到的時候，我們會感受到壓力且變得不耐煩——一旦事情發展不順利，這便成了引爆憤怒的絕佳情境。為

自己保留足夠的時間，避免不必要的壓力和怒氣。

必要時先暫停爭論。大多數意見分歧的情況，都不需要立即解決。如果你發現衝突正在蔓延或達到臨界點，請停止討論，直到你冷靜下來。怒氣會讓我們認為必須解決當下的問題，但請反問自己——你是否曾後悔過沒有冷靜地處理某事，而讓怒氣主宰自己了呢？

聲明你的需求。當他人做出干預我們的需求的舉動時，很多人會極端地被動接受或做出攻擊行為。吞忍氣憤的情緒會產生壓力，最後可能一次爆發出來。

馬汀躺在床上，聽著鄰居吵鬧的音樂聲——這是本週第四次發生的夜間噪音了，為此他一直無法入眠。最後，他受夠了，他走去鄰居的公寓並敲門。當鄰居前來應門時，馬汀對著他咆嘯。

當我們的需求被侵犯時，當下處理可以讓我們有效地應對這些行為，不要等到挫敗和憤恨的情緒逐漸累積。

處於當下（正念）

當情緒高漲且難以思考時，正念提供的工具能帶來極大的幫助。憤怒迫使我們採取衝動行為。誠如亞倫・貝克博士所建議，我們可以將憤怒重構為「不能採取行動」的訊息，因為盛怒之下的舉動可能會讓我們事後後悔，即便當下大腦會慫恿我們去做。當我們

生氣時，最好的辦法就是什麼都不做。我在本章節中介紹了一些放鬆的技巧，這些技巧並不是最正規的正念訓練，但與正念方法有許多相同之處。

- **專注於當下，擺脫憤怒的過度省思**。正如前述，反覆咀嚼那些讓我們生氣的事物，只會更助長怒氣，但要擺脫這些重複的想法並不容易。我們可以把正在做的事情當作著力點，把所有注意力連結到當下，而不是受困於腦海中。例如，如果正在準備晚餐，我們可以聆聽將蔬菜切碎的聲音、拌炒的聲音、洋蔥和大蒜的氣味等等。關於日常活動中實踐正念的更多資訊，請參見第六章。

- **練習接受**。很多憤怒源自於認為事情「應該要怎樣」的信念，透過正念覺察，我們可以放下批評。與其對我們所不樂見的結果有所抱怨，不如保持開放的胸襟看待事情的發展。這種練習特別有助於處理充滿忿恨的過度省思。

- **承認你的憤怒**。透過正念練習，我們會更容易覺察與憤怒相關的想法、感受和行為。例如，當我們要跟伴侶討論一個棘手的話題時，可能會感到緊繃且準備戰鬥。這種覺察讓我們在做出會後悔的事情之前，有機會管理我們的怒氣。

- **探悉你的模式**。正念也可以提高我們對某些引發憤怒的時刻或情況的覺察。

　　基恩發現自己在晚餐後容易陷入煩躁和不耐煩的情緒。

他對家人會比較無禮，不久後他會變得沮喪。透過中斷這項
自動導航模式，在比較脆弱的時刻，他能夠運用策略來管理
自己的情緒。

- **辨識你的初始情緒**。憤怒通常是從其他情緒衍伸而來。例如，
  我們在被傷害或被拒絕時可能會以憤怒回應，因為這對我們而
  言可能是一個比較容易讓我們感到自在的情緒。恐懼也可能會
  讓我們大動肝火，例如同車駕駛的行為差點釀成意外，我們的
  恐懼反應迅速演變成憤怒。當我們察覺到一種感覺會導致憤
  怒，我們可以處理這種感覺的根源，就不會在混雜憤怒的情緒
  中迷失。

- **放鬆**。憤怒是一種緊張狀態，可透過身體放鬆來化解。僅是提
  醒自己放鬆，並且平靜地呼吸，就可舒緩緊繃的身心，這也有
  助於練習在我們感到憤怒之際進行深度放鬆，引導釋放緊繃的
  情緒（參見第170-171頁）。

- **在憤怒的狀態下呼吸**。我們不必對憤怒作出回應，相反地，可
  以學著包容它的存在。透過在憤怒的情緒下呼吸，我們能更開
  放地看待憤怒的經驗，就像海浪一樣有起伏與消長。正念呼吸
  也會介入你的副交感神經系統，讓戰鬥或逃跑反應緩和下來。

- **觀察憤怒**。當我們身處在憤怒中，可以退一步扮演觀察者的角
  色。與其百分之百沉浸在憤怒之中，我們可以保持客觀地看待
  自己的反應及變化。當我們觀察自己的憤怒反應時，我們開始
  意識到，我們未必要對想法和感覺採取行動。

運用冥想來管理憤怒

在以下的練習中，我們將身體和呼吸作為管理尚未化解的憤怒之工具。

1. 從幾分鐘的基礎呼吸冥想開始（請參閱第95頁）。感覺自己的身體，以及從頭到腳的任何感官體驗。

2. 盡可能生動地想像讓你感到生氣的情境，包容被激發出來的情緒。

3. 注意憤怒如何在身體上表現出來——例如，下顎出力或胃部糾結。在憤怒的身體表現下保持呼吸。理解自己的憤怒經驗，允許情緒產生。讓情緒自然存在。不要抗拒你的感受，也不要批評自己所作出的反應。

4. 練習旁觀自己的經歷，觀察自己的情緒，避免全然地陷入困境。如果你很難轉變為一位觀察者，那也沒關係——人本來就很容易執拗於憤怒的情緒。當你感到情緒難以招架時，將注意力慢慢引導到呼吸上，軟化和憤怒有關的執念。

5. 在留意身體感受下閉上眼呼吸，多久都沒關係，並注意一段時間後情緒如何變化。怒氣減弱之後，將注意力回復到呼吸上並睜開眼睛。現在，注意你的感受為何。

冥想讓我們可以在感到生氣及作出反應間暫停，選擇更好的方法來管理強烈的情緒。

本章小結及功課

　　失控的憤怒會導致衝突、侵略行為或甚至暴力。在本章中，我們檢視了可能會導致過度憤怒的因素，並介紹管理它們的方法。請謹記，我們的目標不在於將憤怒完全驅逐出我們的生活中。而是學著去檢察它。本章中要練習的項目有：

1 將讓你生氣的情況列表，好好地了解你自己的憤怒經歷。

2 記錄你的思考，記下並檢視某個情況下產生的、充滿憤怒的想法。

3 開始記錄在哪些情境之下，你想要練習管理憤怒。

4 從「思考、行動、處於當下」範疇中選擇一到兩個技巧來開始練習。

5 寫下每個技巧的效果，並根據需求新增其他技巧。

6 經常參考你的策略列表，提醒自己管理憤怒的最佳方法為何。

第十章

對自己慈悲

到目前為止，我們已經學習到認知、行為和以正念為基礎的基本知識和策略，也了解這些練習如何幫助我們管理強烈的情緒。在本章中，我們會檢視照顧自己——包括身、心、靈的實用方法。

闖鐘響了，約翰做個鬼臉。他邊揉眼晴邊告訴自己「你得開始早點睡覺了」。

匆匆地洗了個澡，約翰拿著一大杯咖啡和一片冷凍鬆餅，想著當天的重要工作，快速地吃完早餐。當他把盤子放到水槽時，他已準備好要面對早晨的尖峰時刻。

在開車時，他的注意力放在收聽報導世界上各種問題的廣播新聞上，同時擔心著今天工作可能搞砸的各種情況。

早上的工作出奇地順利，中午約翰感到很疲憊並準備休息一下。然而，當他的同事邀請他一起去餐廳共進午餐時，約翰覺得自己工作還沒告一段落，不該午休。於是，他從自動販賣機裡買了些零食和含糖及咖啡因的汽水，在辦公桌就吃了起來。

當天下午他又去自動販賣機三次，買了花生醬夾心餅乾和M&M's巧克力——一次是因為餓了、一次是因為無聊跟焦慮，最後一次是一瓶讓他可以度過下午4點精神低迷時刻的健怡可樂。

　　開車回家時，約翰想在晚餐前去健身房，但不確定自己還有沒有體力。最後他從冰箱拿出兩片吃剩的披薩和兩罐啤酒，在電視機前吃掉。之後還吃了一品脫的冰淇淋。

　　午夜之際，約翰在電視機前打盹。他最近睡眠品質不好，所以他盡可能輕柔地上樓睡覺，避免趕走睡蟲。儘管他很努力，但事與願違，頭一沾枕他就完全清醒了。他試著入睡，並想著「明天有得辛苦了」。

　　折騰1小時後，約翰又下樓看電視，試圖藉此幫助入睡。鬧鐘響了的時候，電視仍然開著，今天才星期二，離週末還遠呢。約翰對此感到厭惡，他告訴自己「你得停止這樣對待自己了」。

約翰困在他的行為循環之中，這不僅剝削了他的能量，也對情緒有害。如下方圖表所示，他的習慣影響了他的情緒跟能量，進而反過來固化他的習慣。

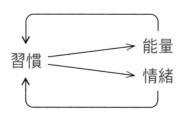

舉例來說，攝取咖啡因會影響他的睡眠，讓他感到疲累且沒有動力運動。缺乏運動無益於提升他的情緒和能量，迫使他白天得繼續依賴咖啡因來工作、夜晚得仰賴酒精來放鬆身心，幫助入睡。更糟的是，他總是不斷地批評和質疑自己。

如果約翰有一位生活教練指導著他做這些事，我們大概會覺得那個教練很爛吧？養成他這些不好的習慣。我們甚至可能會認為，這個教練根本不在乎約翰。然而事實上，約翰以非常真實的方式扮演自己的教練，遵循著自己提供的生活指導。

讓我們來看看照顧自己的重要方式，能幫助我們感覺良好，並往目標邁進。

睡個好覺

我們需要充足的睡眠才能在白天全力衝刺。不幸的是，在美國有數百萬名成年人的睡眠不足，原因包含給自己太少睡眠時間或患有失眠症。

你需要多久的睡眠時間？

我們大多數人一天需要 8 小時睡眠時間。事實上沒那麼簡單。美國國家睡眠基金會（National Sleep Foundation）的最新指南中，建議大多數成年人的每日睡眠時間應為 7 到 9 小時（老年人為 7 到 8 小時）。少部分的人實際上僅需要 6 個小時。

要怎樣知道自己需要睡多久呢？請記錄自己兩週內的睡眠，記

下上床和起床時間。減去這之間可能醒著的大概時間。從每晚的數據中，你可算出自己的平均睡眠時數。

例如，你在晚上10點30分上床，早上6點30分起床，所以你在床上的時間為8小時。你大概需要10分鐘入睡，睡到一半醒來的時間大概是20分鐘左右，然後一路睡到6點30分鬧鐘響起。你的睡眠時間總長度就是8小時減去30分鐘，因此是七個半小時。

如果你經常在白天感覺睏倦，且沒有睡眠相關疾病（如睡眠呼吸中止症），那你可能需要更長時間的睡眠。如果你起床時常常是精神振奮的，且白天也不會太想睡（且不是因為攝取咖啡因或其他刺激物質才保持清醒），你的睡眠大概是充足的。

睡眠不足會導致的問題

當我們睡眠不足時，生活中的每個層面幾乎都會受到影響：情緒、能量、注意力、人際關係、工作表現、駕駛能力和其他。然而，許多人——不分男女——會驅趕他們的睡意，透過使用刺激物質來保持清醒，並忽略睡眠不足的潛在代價。因為睡眠看似浪費時間且實際上沒有什麼產出，所以我們很難把睡眠放在第一順位。跟朋友聚聚、完成更多工作進度、觀看喜歡的表演，以及其他數以萬計的活動與我們需要的睡眠互相衝突。

然而，睡眠就是一個不活動的狀態。當身體保持靜止時，大腦正在活躍地運作，充足的睡眠對學習和記憶力有益。睡眠也幫助我們修復身體，睡眠不足會提升體內的發炎物質濃度。當我們剝奪自己的睡眠，實際上就是在損害自己。

如果你想有充足的睡眠，卻很難把這個目標放在第一順位，試著想想你會如何說服自己的朋友睡飽一點？你會如何幫助朋友使用認知行為治療的工具？如同一項任務一般，我們可以根據起床時間跟目標的睡眠長度，來規劃具體的上床時間。我們也可以設定鬧鐘，提醒自己遵照目標的睡眠模式。請參考第七章內容，裡面有許多練習，可以運用在延遲就寢時間的各種問題上。

當你開始感覺到睡得更飽帶來的獎賞時，你就會更有動力持續地注重你的休息。你可能會發現自己的感覺變得更敏銳，白天更有生產力，如此再也不需要犧牲睡眠時間在加班上了。

如何修復不良的睡眠循環

倘若你的問題並不是上床時間太晚——而是花太多時間在床上，但無法入眠呢？如果你經常有入睡問題或常常睡到一半醒來，或是提前在預定的起床時間之前醒來，那你可能跟數百萬的美國成年人一樣都患有失眠症。失眠通常起因於一項很明確的睡眠干擾。可能是服用會干擾睡眠的藥物，或是工作壓力讓我們夜晚無法入眠。

我們如果感覺睡不飽，當天可能會早點上床，或是晚上睡不好隔天就會賴床。可是，這麼做常常會讓情況更糟。如果你早上賴床，那天晚上你可能就很難入睡了。躺在床上睡不著，常常會滋生焦慮感，進而使失眠情況加劇。在真正的問題（例如工作壓力）獲得解決之後，我們可能還深受睡眠問題所苦。

慢性睡眠障礙的最佳療法為失眠的認知行為治療（cognitive behavioral therapy for insomnia, CBT-I）。失眠的認知行為治療的指引中，包含以下良好睡眠的原則：

- 每天固定時間就寢和起床。
- 在你真正要入睡的時間才上床。
- 在床上只能睡覺（性愛除外），強化「床」跟「睡眠」之間的連結。
- 如果睡不著就下床，中斷「床」與「睡眠焦慮」之間的連結。
- 質疑那些與睡眠相關的無益思考（例如：沒睡飽隔天會多煎熬的災難思考）。
- 練習放鬆，以利舒緩失眠帶來的緊繃和焦慮。
- 練習正念覺察，接受那些干擾睡眠的擔憂存在，不要強迫自己要努力睡著。
- 遵循其他促進良好睡眠的做法，像是限制咖啡因攝取量（特別是午餐過後），讓房間保持涼爽、昏暗且安靜。房間內不要有電子產品，並定期運動。
- 避免午睡，因為容易讓自己晚上睡不著。
- 經過一整天的活動後，保留一段放鬆時間，告訴身體和大腦知道接下來將進去就寢時間（例如，輕度的伸展運動、閱讀喜歡的書，或是喝一杯花草茶）。

如果你深受睡眠問題所苦，上述指南中，有哪些是本週你可以進行的項目呢？將你的計畫寫在筆記本上。

滋養你的身心

我們都知道吃進身體的食物會影響身體健康。像是我們如果吃了大量的糖，就容易發胖，或導致如第二型糖尿病等健康問題。我們也會經歷血糖值的激升和劇降，導致精神很差和糖癮，持續循環不已的週期。

有許多證據顯示飲食會大幅影響我們的心理和情緒健康，於是衍伸出一項新的心理健康領域：「營養精神醫學／心理學」（nutritional psychiatry / psychology）。

為了心理健康而吃

促進心理健康的建議飲食方式有很多種，它們一致的共同點為攝入加工程度最低的食物——更具體地說，是指攝入大量的蔬菜水果、堅果、豆類、馬鈴薯、全穀類、魚類和健康油脂（如橄欖油）。限制或避免攝入高度加工食物、精緻糖、速食和反式脂肪（如氫化油）。

這些限制和「地中海飲食」的概念相似，且有過去十幾年的研究支持這類飲食習慣能大幅地影響心理健康。例如一項2009年英國皇家精神科醫學院的研究顯示，習慣攝取高度加工的食物，五年內導致罹患憂鬱症的機率會增加58%。其他研究也發現飲食對焦慮相關病症有類似的影響。

基於這項關聯性，第一項研究使用地中海飲食加上魚油補充品來治療憂鬱症。結果顯示，改變飲食對改善病情的影響遠比控制組來得高，在三個月內，憂鬱的症狀平均減少近50%，並持續了六個月之久。

地中海飲食的一大優點是，除了對健康有益之外，實踐起來也相對輕鬆，因為沒有太多限制。這項飲食指南包含豐富且多彩的水果和蔬菜，多種讓人一飽口福的健康脂肪，以及充足的蛋白質。

研究人員嘗試找出飲食影響心理健康的因素，並找到其中一個關鍵因素是發炎。舉例來說，有研究發現飲食中包含大量引起身體發炎反應的食物，會導致憂鬱症的患病率提高兩倍以上。有趣的是，這類關聯性可能只適用於女性，儘管遵循相同的飲食指南對男性也是有益的。

「如果一個人的飲食中包含大量的蔬菜和水果、健康油脂、堅果和魚，並且很少攝取加工食物（地中海飲食風格），那麼他就更不容易罹患心理疾病。」——朱莉亞‧J‧羅克利奇（Julia J. Rucklidge）和寶妮‧J‧卡普蘭（Bonnie J. Kaplan）

健康飲食的挑戰

健康飲食有這麼多好處，為何還有這麼多人難以遵循這些指南？通常他們的問題僅是因為「不方便」。回到本章一開始舉約翰為例。他為了要省時間，就選擇方便的食物來吃，像是冷凍鬆餅跟自動販賣機的零食。當你在趕火車時，火車站提供許多快速、簡單且較不健康的食物，你很容易會選擇那些食物。即便在家吃飯也是如此，想要吃得好，必須要事前規劃，例如選好食譜、寫採買清單、去買菜，且如果我們沒有烹飪的基礎知識，還要先學習怎麼煮。相反地，食用高度加工食物通常是簡單得多。

便利的食物通常高脂肪、高糖及高鹽，很堅固的黃金三角組

合。如果我們打算吃得更健康，我們會需要艱苦地奮鬥。最後還可能吃了許多用我們不知道的、不會發音的食材做成的不怎麼可口的食物。如果你決定要吃得更好，請擬定可以達成目標的計畫。由於健康飲食帶來的益處——不僅是心理健康，也包含身體健康及長壽的人生——這項自我投資和努力絕對值得。

動起來吧！

和良好的飲食一樣，定期運動也是健康的基本要素。運動對身體健康的好處人盡皆知；研究結果顯示運動對心理疾病如焦慮症、憂鬱症、飲食疾患和物質使用疾患，以及慢性疼痛和神經退化疾病如阿茲海默症等都有正面影響。運動對憂鬱症影響甚大，有許多研究在探討運動對憂鬱症的效益。有氧（如慢跑）和無氧（如舉重）運動都能改善心理健康。

運動如何帶來助益？

運動帶來的效益可以表現在許多層面上。例如：

- 睡得更好，連帶促進心理健康。
- 釋放腦內啡，這是體內天然的「感覺良好」物質。
- 完成運動及體態變得更健康所帶來的成就感。
- 可中斷如過度省思等不健康的思考模式。

- 增加腦內血流量。

- 增強如組織能力和專注力等執行功能。

- 與其他運動人士建立社交互動。

- 增加戶外活動機會（如果是在戶外運動）；請參見第174頁
  「享受戶外時光」章節內容，關於置身於大自然的好處。

如何啟動運動計畫

如果你已準備好要受益於運動的好處，請遵循第三章「行為活化」的步驟：

1 請先定義出關於運動，你最注重的事。例如，你認為運動讓你開心很重要，還是感覺自己有在照顧自己這件事比較重要？

2 找出你喜歡的活動，甚至不感覺自己是在「從事運動」的那些事。如跟朋友散步、打網球、學跳舞等。你愈能享受於其中，就會愈有動力持續地從事這些活動。

3 計畫固定的運動時間，並寫在行事曆中。逐步實踐，才不會剛起步就覺得太過吃力。

透過縝密地規劃，你可以將定期運動納入日常生活中，並享受提升整體健康的正面效益。

管理壓力

任何對身體、心理或情緒資源的要求，都多多少少會帶來壓力，因此壓力是生活中無法避免的事情。跟我們情緒一樣，我們並不是要將壓力完全剔除於生活中，而是要學習如何有效地管理壓力。匈牙利內分泌學家漢斯・薛利（Hans Selye）在他首開先河的研究中，發現了無論壓力來源為何，都會引發一個相同的壓力反應。無論是被鱷魚追著跑或是發表演說──交感神經都會幫助我們應對挑戰。

「這原理簡單得難以置信，你可以把憂鬱症想成是你的皮質在想著一件抽象的負面思考，並且成功說服大腦其他部位，這是一項真實的壓力來源。」羅伯・薩波斯基（Robert Sapolsky），《為什麼斑馬不會得胃潰瘍？》作者

薛利發現我們有很好的短期壓力處理能力：我們的身體有所反應，我們能處理問題，我們的副交感神經系統幫助我們放鬆下來。

長期的壓力會累積並造成如免疫系統功能受損、消化系統和心臟問題、心理疾患等影響。除此之外，一直處於高度警戒的狀態本身就是不愉快的事情。

管理壓力的第一步是對壓力有所察覺。很簡單，請先觀察自己的壓力反應，任何反應都算數。例如：

- 是否下顎會特別出力？
- 是否感到胃部糾結成一團？

- 是否肩頸變得緊繃？
- 你的呼吸品質如何？
- 你的想法背後有什麼意思？

透過練習，我們可以增進身體和大腦如何處理壓力的覺察，才能進一步釋放壓力。正念練習（請參見第六章）能為你帶來幫助。

在生活中有效管理壓力的方法包括：

- 將沒有必要的壓力降到最低（如：避開那些為我們帶來壓力的人）
- 當我們無暇應對時，拒絕給予承諾
- 為自己放寬嚴格且不切實際的標準（如：我今天就要完成這項計畫）
- 專注於當下發生的事情
- 深呼吸
- 練習冥想
- 上瑜珈課
- 定期運動
- 練習漸進式肌肉放鬆（請見第170-171頁）
- 每天安排片刻的休息時間
- 度假
- 保留每天部分跟週末全天不工作的時間
- 質疑你對應盡義務所抱持的無益想法
- 抽出時間從事自己喜歡的放鬆活動，如閱讀或洗熱水澡

漸進式肌肉放鬆

要達到深度放鬆的狀態，請遵循以下步驟：

1 找一個安靜且沒有人會干擾你的地方。手機關靜音。

2 坐在椅子上，雙腳往前伸，腳跟放在地板上。必要時調整坐姿，
直到自己感到舒適。閉上眼睛。

3 全身的肌肉群，從腳開始，一下出力使之緊繃、一下放鬆讓肌肉
鬆弛，並往上延伸到其他部位。

每個部位產生中度的肌肉張力，持續幾秒鐘後全部釋放，當肌肉
從緊繃過渡到放鬆時，你可以確實感受到差異。持續放鬆30至
60秒，並進行下一組肌肉運動。

可以參考以下順序：

小腿：一次一隻腿，將腳趾伸向自己，讓脛骨附近的肌肉產生張
力。

大腿：一次彎曲一隻腿，拉緊大腿前側的股四頭肌。

臀肌：臀部肌肉用力。

腹部：腹部肌肉出力，用力吸氣，讓肚臍拉往脊椎的方向。

呼吸：深吸一口氣，讓空氣充滿你的胸腔後憋住。呼氣時釋放張
力。

上臂：一次一隻手臂，上臂的全部肌肉出力。

前臂和手：一次一隻手臂，握緊拳頭，將手往手肘的方向出力，
讓手掌、手腕和前臂肌肉緊繃。

頸部和前背：肩膀往耳朵的方向出力。

臉部和頭：眉毛上提的同時緊閉雙眼（可能需要摘下隱形眼鏡）。

4 釋放剩餘的肌肉張力時，請好好地、緩慢地呼吸，讓身體可以進入深度放鬆的狀態。

5 將注意力放在呼吸上，感受呼氣和吸氣的感覺。每次呼氣時，在內心對自己說一個跟放鬆有關的詞彙（例如「和平」、「平靜」、「呼吸」等）。呼氣時在腦中對自己說這個字，持續3到5分鐘。

6 慢慢地將意識恢復到你身處之處。開始動動你的腳趾和手指。準備好之後睜開你的眼睛，注意你當下的感受。

7 每天至少練習一次（理想上進行兩次）。

8 多做幾次後你會對放鬆的技巧更加熟練，並能簡化練習步驟。例如一次進行雙腿或雙手運動，或是專攻你容易緊繃的肌肉群就好。

　　運用一個單詞和呼氣的結合進行深度放鬆，你可以訓練大腦和身體，提示它們進入放鬆狀態。當你發現自己開始感到緊繃和有壓力時，你可以深呼吸，呼氣時在腦海裡對自己說著那個單詞，感受進行漸進式肌肉放鬆訓練帶來的好處。

　　在一個人們恆常忙碌的世界裡，感覺我們無暇花時間在放鬆

上。但是花時間放鬆並不是浪費時間，不應被視為奢侈的活動。透過投資自己的健康和幸福，你會成為一個更有生產力，且和他人相處更融洽的人。

與真實世界互動

過去幾十年，科技已滲透到我們生活中的所有領域。你可能跟我一樣，還記得以前沒有智慧型手機——甚至沒有手機、沒有筆記型電腦、沒有社群網站或電子郵件的時代。這些技術的出現帶來很多好處，像是快速地與世界各地建立連結，毫不費力地與他人交流。

同時，技術的普及也蘊含潛在的負面影響。許多研究著重於各種科技對我們的福祉產生的影響。研究結果包含以下幾點：

- 使用Facebook的人變得不太快樂，對生活也不太滿意。

- 看到他人在社群網站上貼出比自己更快樂、更成功的內容，會讓人感覺自尊低落，並提升焦慮感和忌妒。

- 在家中常使用智慧型手機，會造成家庭與工作間更嚴重的衝突。

- 花更多時間使用科技產品，連帶造成更嚴重的倦怠感。

- 房間裡有愈多科技產品，連帶地睡眠品質就愈差。

科技可能使人高度成癮，因此很容易陷入過度使用的模式。如果你曾經喜愛的人相處，但對方總是不斷地使用手機，你就了解科技在人際關係上可能造成的傷害。然而，即便我們知道經常使用科技產品是很擾人的事，我們自己也可能會有同樣的行為。

花點時間思考你和你的手機及其他電子產品之間的關係，接著花幾天時間留意自己多久使用一次手機或平板電腦。雖然智慧型手機的另一端有一整個世界正等著我們，但反過來想，如果我們整天守著螢幕，也不會感受到什麼變化。多花點時間在現實生活中可能是個更好的主意——例如：

- 如果不想受到手機干擾，開啟手機「請勿打擾」功能。

- 偶爾出門不帶手機。

- 關掉手機上的通知功能，這樣就不會想要一直看手機。

- 用餐時間不使用科技產品。

- 讓社群網站不易瀏覽（如從手機中解除安裝應用程式）。

- 盡可能降低使用應用程式的數量，因為多一個應用程式，就多一個滑手機的理由。

- 把智慧型手機換成舊式手機。我知道聽起來很極端，但三年前我這麼做了以後，我感到解脫。

享受戶外時光

待在戶外有益於我們的健康。舉例來說，居住在「綠化程度較高」的社區對心理健康有幫助。伊安·埃爾柯克（Ian Alcock）與他的同事所進行的一項研究顯示，搬到綠化程度較高的社區能改善人們的心理健康，這個現象維持長達三年的追蹤期。綠色環境的有益效應部分源自於其較好的休閒散步空間；公園等綠地也提供了鄰居親友聚會的場所，促進社交連結。

待在非人為建造的天然環境也有直接的效益；例如，我們在樹林裡健行時，也享受環境的天然之美，甚至跟大自然產生精神上的連結。待在天然環境中，也讓我們得以離開嘈雜的交通、廣告和娛樂的資訊轟炸、面對可能造成威脅的人時所產生的自動警示等。

「那些注重大地之美的人會發現力量的來源，這種力量與生命共存。大自然中周而復始的循環中，蘊藏著無窮無盡的療癒力——黑夜之後，黎明終將升起，寒冬之後，必然是春天。」—瑞秋·卡森（Rachel Louise Carson）

此外，也有實驗室的研究數據證實，觀看自然景觀會影響副交感神經系統，幫助我們在遇到壓力後復原。相關研究結果也顯示，在自然環境中散步（在執行研究的大學附近、有零星樹木的草原上進行），比起在市區內散步更不容易讓人陷入過度省思的狀態，大腦中與過度省思有關的區域，活化程度也較低。

總之，花點時間享受戶外自然環境的好處太多了。你想從哪裡開始體驗大自然紓壓的效果及其賦予的滿足感呢？

服務他人

照顧自己絕對不是自私的行為。我們的感覺愈好，就愈有能力付出。反之亦然，我們能為他人做得愈多，感覺也會更好。研究結果也確實指出，幫助他人可以改善焦慮和憂鬱的症狀。

何以幫助他人實際上對自己有益呢？研究人員提出幾種可能的解釋：

1 專注於他人，能夠分散我們對自身煩惱的注意力。
2 幫助他人讓我們覺得充滿意義和使命感。
3 利社會行為會釋放催產素，能促進與他人建立信任和連結。
4 利他行為會讓身體也受惠，可能透過促進多巴胺釋放等機制。
5 與他人互動能降低體內壓力反應系統的活性。

服務他人的方式有很多種，如：

- 當我們在乎的人處於困境時，我們表達對他們的支持。
- 當他人犯錯時，抱持同理心回應。
- 請朋友吃一頓午餐。
- 讓我們的伴侶日子過得更輕鬆一些。
- 善待其他駕駛。
- 認真聽他人說話。
- 說些關於他人的好話。
- 撥時間志願幫助那些身處不幸的人。
- 盡力幫忙那些可能永遠沒有能力回報的人。

- 將不需要的物品捐給那些可能需要的人。
- 幫鄰居整理院子。
- 做一頓飯給肚子餓的人吃。
- 捐款給我們認為很有意義的慈善團體。
- 拜訪正在住院的親友。

幫助他人不僅自己會感到快樂，而且具有感染力。我們的助人行為會因為他人友善回應而加成。

本週你是否有機會能照亮他人——及你自己的生命？或乾脆這一刻就去做吧。

表達感謝

我們的大腦常常關注生命中的問題，而忽略了順遂的事。然而，當我們注意並欣賞生命中美好的一面，我們會發現比想像中還要更多的喜悅。

感恩的心會帶來許多正面的影響，包括心情變好、罹患憂鬱症的風險更低、壓力減輕、對生活的滿意度提升，以及更健全的人際關係等。即便是簡短的感恩行為，也能看到這些效益。

例如，研究人員請參與者寫下他們感謝的事，或最近生活中遇到的麻煩；表達感恩會帶來更正向的情緒，提供正面看待生活的觀點，以及對未來更加樂觀。

表達感謝也會讓我們更傾向幫助別人，即便會付出代價。當我們意識到內心是充實的，會更願意與他人分享。

我們的注意力系統對變化最為敏感，而一直擁有的事物反而在生活中淡化了。一旦決定實踐感恩行為，我們會很驚訝原來有這麼多值得感恩的事物，例如：

- 每晚睡覺都有自己的床可躺。
- 生命中所有在乎你的人。
- 為身體保暖的衣物。
- 富含生命的星球。
- 溫暖地球且讓植物得以進行光合作用的太陽。
- 滋養身體並提供能量的食物。
- 電力、自來水和溫控系統。
- 交通運輸。
- 安全的居家環境。
- 將氧氣輸送到體內每個細胞並排出二氧化碳的肺臟。
- 成就你所有經驗的大腦。
- 推動血流的心臟。
- 你的五種感官。

這列表還可以再增加：那些除非失去，否則我們通常不會去注意及感激的事物都算。我們有幾次在患病之後，才意識到健康是多麼美好的事？在遇到難關時，我們甚至會發現值得感謝的事。像是

深夜愁苦地帶孩子去掛急診，也會對全天候的醫療服務感到感激。謹此提醒——請不要在他人陷於困境時勸他們要有表達感激。因為很容易讓人感覺你未能理解或重視他們的種種困難。

表達感謝的方式有很多種，例如：

- 每天寫下你感激的事情（在睡前做這件事還能幫助睡眠）。
- 花幾分鐘回想你所感激的事情。
- 對生命中某個人表達感激之情。
- 寫一封信給某個人，向他表達感謝。
- 練習感恩冥想。

近期的研究顯示，向他人表達感激會比僅僅回想感激之事更有益——在我們感到憂鬱時更有幫助。現在，靜下來思考一下你生命中值得感謝的一切。

本章小結及功課

　　我們一直都有對自己慈悲的能力——可以像一個朋友一樣鼓勵我們、表揚我們的成功、失落時支持我們、為我們規劃美好的體驗、給我們表現優點的舞台、給我們出自於關心的指正等。然而，我們偏偏經常與自己敵對，批評自己很容易、寬容卻很難，不讓自己運動、剝奪自己的睡眠、給自己吃不健康的食物，以及極度限縮生活中的樂趣。

　　透過本章所介紹的練習，你會學到一種截然不同觀點：把自己當成你愛的人，為他規劃生活。其中要照顧到你對營養的食物、充足的睡眠、定期運動之基本需求。也包括處理不可避免的壓力來源，並安排身處大自然的時間。最後，你還可以為自己做的最慈悲的事情就是，練習感恩並回饋給他人。

　　這些練習都可以好好地共同運作。例如，研究指出，地中海風格的生活方式不僅有良好的飲食，也包含更融洽的社交活動和更活躍的體能活動；一項研究發現，採行地中海飲食就能降低 20% 罹患憂鬱症的風險，而增加體能和社交活動則會降低 50% 的風險。

　　準備好付諸行動了嗎？你可以從以下步驟開始；先從你最重視的項目著手：

1 評估你是否如對待所愛之人一樣地待己？你希望以什麼方式來善待自己？

2 將睡眠視為首要之務，以此原則規劃並開始遵循固定的日程表。

3 在營養計畫中做出積極改變——例如，每週固定幾餐在家做飯。

4 每天加入更多活動。剛開始慢慢增加就好，會逐步累積。

5 建立壓力管理計畫；包括每天做一件小事（像是回家的路上聆聽放鬆的音樂）、一週做一件稍微大型一點的活動（像是上瑜珈課），以及安排一個月一次的活動（如享受專業按摩）。

6 每週安排更多待在自然環境裡的時間：如果可能，就結合戶外和社交活動。

7 找出可以每天做的、服務他人的小事，以及可以定期從事、較大型的服務計畫（像是每週到食物銀行當志工）。

8 每天睡前寫下你所感激的所有事物。

結論：
持續不懈

本書介紹如何處理擾人情緒的方法。首先進行認知行為治療的練習，並了解其作用原理。接著介紹認知行為治療的三大支柱——行為、認知和以正念為基礎的技巧——並了解這些方法如何改善憂鬱、憤怒、焦慮和其他讓我們感到難以招架的情緒經驗。前一章的重點是成為自己的朋友，事實上，這也符合認知行為治療所要傳達的訊息。

請你回想一下，當初是什麼讓你拿起本書閱讀？發生了什麼事，讓你警覺應該要有所改變？審查你在第二章所設立的起始目標。

希望我在這些章節中提供的策略，能幫助你朝向實現目標邁進。當你回顧這些目標時，是否看見自己的努力實踐開花結果？你可以跟親近的人談談，你應用本書中的技巧時，他們是否注意到什麼變化。

札克憶起六個月前他有多沮喪。想到當時精神跟動力有多低落、煩燥。他甚至開始質疑生命是否有繼續的必要，這

使他感到震驚。從那時開始，他便努力要重振生活，現在也已經過著截然不同的生活。

札克跟他的太太麗莎聊到這件事，他們一起思考是什麼造成這麼大的改變。麗莎說：「當你又開始跟朋友相聚時，你看起來明顯更快樂了。」札克回想當初要踏出第一步重新連繫朋友時有多麼困難，而之後他感到多麼振奮。

他說：「我知道運動也帶來很大的變化，」他頓了一下，又補充道：「我想最重要的是，記得我這個人還不錯，以及事實上其他人喜歡我。我之前太容易相信自己很糟糕。」

他們一邊繼續討論，札克寫下他想記住的復原關鍵。

了解什麼事對你復原有所幫助非常重要。我強烈建議你將有益的行為和想法寫下，這麼做能幫助自己回歸最佳狀態。

透過反覆練習，這些新的做法終將變成習慣。例如，我們可能開始在一週的某幾天早晨進行瑜珈或慢跑。但是，其他策略可能比較被忽略，尤其是那些難以計畫特定時間進行的——像是表達感恩、專注於日常活動，以及挑戰我們的思考。

此外，我們面臨的挑戰中，部分不太適用這些對我們有幫助的策略。例如，憂鬱症的無助感可能會說服我們「這何必呢？」於是就不做那些會讓我們感覺良好的事。擬定書面計畫能幫助我們記住所需的工具。

札克偏好視覺思考，於是他制定了以下的整體計畫：

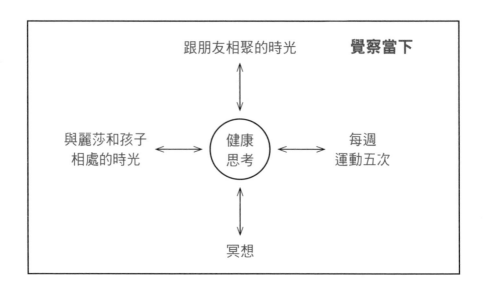

札克將健康的思考視為感覺良好，以及辨識想法如何影響自己做有益於復原之事的關鍵。這些活動也反過來強化他的健康思考模式。他發現正念有助於每一項實踐，因此將它們置於「覺察當下」的整體架構中。

當你整理所有有用的策略時，思考一下各個策略間的關聯。注意你所建立的任何「良性循環」，也就是正面的改變間互相強化彼此。舉運動為例，運動有助於吃得更好，吃得好對精神有幫助，進而讓運動變得更輕鬆。

書面計畫沒有所謂的正確格式。僅需寫下你所需要的重要提醒，好好整理它們，以利需要時能夠遵循使用。

我也希望本書成為你需要的時候隨時可用的資源。我鼓勵你做些筆記，重要段落劃線，並把想要再讀一遍的那一頁摺起來。

更重要的是你的個人學習，讓你知道哪些練習對你有幫助——我期盼那些練習能成為你的最佳資源。我希望你因自己有能力處理困境而感到更有自信。自知這件事便能大幅減輕我們的痛苦。

除了寫下對你有幫助的練習外，我建議你想一句好記的句子或口號，幫助你記下對你有用的工具。我喜歡「思考、行動、處於當下」，因為它包含認知行為治療的主要策略。你可以使用這句，或是自己想一個來提醒你過去哪些工具是有用的。

萬一你仍處於困境

如果你並沒有朝希望達成的目標邁進，你還有以下幾個選擇：

* **想想自己是否步在正軌上——其實有些進展，只是還有些需要實踐的事。**如果是這樣，繼續進行目前有幫助的事情吧，並考慮增加其他策略。要看到明確的進步需要更多的時間和練習。
* **或者，本書可能不適合你。**或許你的擔憂源自於婚姻中的衝突，而你其實需要婚姻諮商，又或許你需要一位治療師的額外指引。無論如何，我鼓勵你持續尋找你所需要的幫助。
* **如果你發現自己愈陷愈深，完全沒有改善，請立即尋求專業協助。**你可以透過家庭醫師轉介。如果你認為自己可能對自己或他人構成威脅，請前往最近的急診室或撥打119。

那麼，下一步呢？

　　如果你對目前的進展很滿意，那下一步是什麼呢？首先，我鼓勵你因目前的成就而感覺自己做得很好。當生活變得困難時，堅持目標是需要勇氣與決心的，為了改善生活學習新的技巧，絕對不是簡單的事。

　　如果你覺得達成目標這條路上，已有了長足的進展，我提醒你不要限制自己。當最難渡過的困境已成過去，我們更有能力布局好的發展。你可能會為自己設立新的目標。或許你會考慮嘗試更專業的挑戰，或是讓居家生活變得更好。

　　即便你接受現在自己的樣子，也請記得成長是一個持續的過程，我們能夠不斷擴大我們的經驗。不用受限於當下的收穫。你可以運用正確的想法、正確的行動和正念覺察來創造想要的生活，不只是用在修復受挫的自己。

持續變好

　　當我們處於順境時，會很自然地停止對健康和福祉投入更多資源。我強烈建議你不要如此，並持續進行對你有幫助的事情。此刻是評估哪些重要的事需要持之以恆的好時機。我也建議你事先思考，未來是否有可能會犯下的錯誤，而你會希望避免它們。秉持認知行為治療的精神，環境可能變得充滿挑戰，而我們可以事先規劃如何因應。

扎克知道即將到來的冬季不僅會減少日光照射時數，也會降低自己運動和社交的意願。隨著秋季白晝變短，他開始擬定度過冬天的計畫，像是去室內游泳池運動以及和朋友一起規劃活動。

他也跟麗莎討論他打算如何過冬，以取得她的支持，並且為自己負責。一項明確的計畫也會降低他對冬季的擔憂。

如果沒有充足的準備，生活中會有哪些狀況讓你感到挫敗呢？花點時間寫下你打算怎麼處理的計畫。

總結

最後，我想提供你一些可以放在心上的重點。

首先，請記得，你值得被照顧。我們的社會氛圍，大多將自我照護視為一種放縱的奢侈行為。事實上，這不僅對你的健康至關重要，也會使你生命中的重要他人受惠。

依循這項原則，我希望你跟那些在乎你、讓你成為最好的自己的人相處，並且建立最親近的人際關係。很少有其他事情像人際關係一樣，能對我們的健康福祉帶來重大效益；健全的人際關係能幫助你渡過難關。

無論你正在經歷什麼事，盡一切努力服務他人。前面提到自我照護不是自私的行為，同樣的，服務他人也不是真的犧牲自己，而是能幫助我們渡過困境的行為。

最後，請記得盡可能地練習感恩，這是眾多你可以為自己做的事中，最慈悲的一件事。提醒自己所擁有的一切，即使它們並不完美。感恩不會消除我們自身的問題，但會減輕這些問題的重量。

　　本著感恩的精神，感謝你花時間閱讀本書。請持續練習。持續運用你的思考、你的行動和處於當下來成為你想成為的自己。祝福你接下來的人生旅程一切都好。

參考文獻

Akbaraly, Tasnime N., Eric J. Brunner, Jane E. Ferrie, Michael G. Marmot, Mika Kivimäki, and Archana Singh-Manoux. "Dietary Pattern and Depressive Symptoms in Middle Age." *The British Journal of Psychiatry* 195, no. 5 (October 2009): 408–413. doi: 10.1192/bjp.bp 108 058925

Akbaraly, Tasnime N., Clarisse Kerleau, Marilyn Wyart, Nathalie Chevallier, Louise Ndiaye, Nitin Shivappa, James R. Hébert, and Mika Kivimäki. "Dietary Inflammatory Index and Recurrence of Depressive Symptoms: Results from the Whitehall II Study." *Clinical Psychological Science* 4, no. 6 (November 2016): 1125–1134. doi: 10.1177/2167702616645777.

Alcock, Ian, Mathew P. White, Benedict W. Wheeler, Lora E. Fleming, and Michael H. Depledge "Longitudinal Effects on Mental Health of Moving to Greener and Less Green Urban Areas." *Environmental Science & Technology* 48 no. 2 (2014): 1247–1255. doi: 10.1021/es403688w.

American Psychiatric Association. *Diagnostic and Statistical Manual of Mental Disorders,* 5th ed. *(DSM-5).* Arlington, VA: American Psychiatric Association Publishing, 2013.

Anderson, Kristen Joan. "Impulsivity, Caffeine, and Task Difficulty: A Within-Subjects Test of the Yerkes–Dodson Law." *Personality and Individual Differences* 16, no. 6 (June 1994): 813–829. doi: 10.1016/0191-8869(94)90226-7.

Arias-Carrión, Oscar, Maria Stamelou, Eric Murillo-Rodriguez, Manuel Menéndez-González, and Ernst Pöppel. "Dopaminergic Reward System: A Short Integrative Review." *International Archives of Medicine* 3, no. 1 (2010): 24. doi: 10.1186/1755-7682-3-24.

Asmundson, Gordon J. G., Mathew G. Fetzner, Lindsey B. DeBoer, Mark B. Powers, Michael W. Otto, and Jasper A. J. Smits. "Let's Get Physical: A Contemporary Review of the Anxiolytic Effects of Exercise for Anxiety and Its Disorders." *Depression and Anxiety* 30, no. 4 (April 2013): 362–373. doi: 10.1002/da.22043.

Barlow, David H., Jack M. Gorman, M. Katherine Shear, and Scott W. Woods. "Cognitive-Behavioral

Therapy, Imipramine, or Their Combination for Panic Disorder: A Randomized Controlled Trial." *Journal of the American Medical Association* 283, no. 19 (2000): 2529–2536. doi: 10.1001/ jama.283.19.2529.

Barth, Jürgen, Martina Schumacher, and Christoph Herrmann-Lingen. "Depression as a Risk Factor for Mortality in Patients with Coronary Heart Disease: A Meta-Analysis." *Psychosomatic Medicine* 66, no. 6 (November/December 2004): 802–813. doi: 10.1097/ 01.psy.0000146332.53619.b2.

Bartlett, Monica Y., and David DeSteno. "Gratitude and Prosocial Behavior: Helping When It Costs You." *Psychological Science* 17, no. 4 (April 2006): 319–325. doi: 10.1111/j.1467-9280.2006.01705.x.

Be, Daniel, Mark A Whisman, and Lisa A. Uebelacker. "Prospective Associations Between Marital Adjustment and Life Satisfaction." *Personal Relationships* 20, no. 4 (December 2013): 728–739. doi: 10.1111/pere.12011.

Beck, Aaron T. *Cognitive Therapy and the Emotional Disorders*. New York: Penguin Books, 1979.

———. *Prisoners of Hate: The Cognitive Basis of Anger, Hostility, and Violence*. New York: HarperCollins Publishers, 1999.

Beck, Aaron T., Andrew C. Butler, Gregory K. Brown, Katherine K. Dahlsgaard, Cory F. Newman, and Judith S. Beck. "Dysfunctional Beliefs Discriminate Personality Disorders." *Behaviour Research and Therapy* 39, no. 10 (2001): 1213–1225.

Beck, Aaron T., A. John Rush, Brian F. Shaw, and Gary Emery. *Cognitive Therapy of Depression*. New York: Guilford Press, 1979.

Beck, Judith S. *Cognitive Behavior Therapy: Basics and Beyond*, 2nd ed. New York: Guilford Press, 2011.

Beck, Richard, and Ephrem Fernandez. "Cognitive-Behavioral Therapy in the Treatment of Anger: A Meta-Analysis." *Cognitive Therapy and Research* 22, no. 1 (February 1998): 63–74.

Bergmans, Rachel S., and Kristen M. Malecki. "The Association of Dietary Inflammatory Potential with Depression and Mental Well-Being Among US Adults." *Preventive Medicine* 99 (March 2017): 313–319. doi: 10 1016/ j.ypmed.2017.03.016.

Bratman, Gregory N., J. Paul Hamilton, Kevin S. Hahn, Gretchen C. Daily, and James J. Gross. "Nature Experience Reduces Rumination and Subgenual Prefrontal Cortex Activation." *Proceedings of the National Academy of Sciences* 112, no. 28 (July 2015) 8567–8572. doi: /10.1073/ pnas.1510459112.

Brown, Daniel K., Jo L. Barton, and Valerie F. Gladwell. "Viewing Nature Scenes Positively Affects Recovery of Autonomic Function Following Acute-Mental Stress." *Environmental Science & Technology* 47, no. 11 (June 2013): 5562–5569. doi: 10.1021/es305019p.

Brown, Emma M., Debbie M. Smith, Tracy Epton, and Christopher J. Armitage. "Do Self Incentives Change Behavior? A Systematic Review and Meta-Analysis." *Behavior Therapy* 49, no. 1 (2018): 113–123. doi: 10.1016/j.beth.2017.09.004.

Burns, David D. *The Feeling Good Handbook*. New York: Plume/Penguin Books, 1999.

Carson, Rachel. *Silent Spring*. New York: Houghton Mifflin Harcourt, 2002.

Chiesa, Alberto, and Alessandro Serretti. "Mindfulness-Based Stress Reduction for Stress Management in Healthy People: A Review and Meta-Analysis." *The Journal of Alternative and Complementary Medicine* 15, no. 5 (May 2009): 593–600. doi: 10.1089/acm.2008.0495.

Cooney, Gary M., Kerry Dwan, Carolyn A. Greig, Debbie A. Lawlor, Jane Rimer, Fiona R. Waugh, Marion McMurdo, and Gillian E. Mead. "Exercise for Depression." *Cochrane Database of Systematic Reviews*, no. 9 (September 2013). doi:10.1002/14651858.CD004366.pub6.

Craske, Michelle G., and David H. Barlow. *Mastery of Your Anxiety and Panic: Workbook*, 4th ed. New York: Oxford University Press, 2006.

Crocker, Jennifer, and Amy Canevello. "Creating and Undermining Social Support in Communal Relationships: The Role of Compassionate and Self-Image Goals." *Journal of Personality and Social Psychology* 95, no. 3 (September 2008): 555–575. doi: 10.1037/0022-3514.95.3 555.

Cuijpers, Pim, Tara Donker, Annemieke van Straten, J. Li, and Gerhard Andersson. "Is Guided Self-Help as Effective as Face-to-Face Psychotherapy for Depression and Anxiety Disorders? A Systematic Review and Meta-Analysis of Comparative Outcome Studies." *Psychological Medicine* 40, no. 12 (December 2010): 1943–1957. doi: 10.1017/ S0033291710000772.

Davis, Daphne M., and Jeffrey A. Hayes. "What Are the Benefits of Mindfulness? A Practice Review of Psychotherapy-Related Research." *Psychotherapy* 48, no 2 (2011): 198–208.

Derks, Daan je, and Arnold B. Bakker. "Smartphone Use, Work– Home Interference, and Burnout: A Diary Study on the Role of Recovery." *Applied Psychology* 63, no. 3 (July 2014): 411–440. doi: 10.1111/j.1464-0597.2012.00530.x.

DeRubeis, Robert J., Steven D. Hollon, Jay D. Amsterdam, Richard C. Shelton, Paula R. Young, Ronald M. Salomon, John P. O'Reardon, Margaret L. Lovett, Madeline M. Gladis, Laurel L. Brown, and Robert

Gallop. "Cognitive Therapy vs Medications in the Treatment of Moderate to Severe Depression." *Archives of General Psychiatry* 62, no. 4 (2005): 409–416. doi: 10.1001/archpsyc.62.4.409.

DeRubeis, Robert J., Christian A. Webb, Tony Z. Tang, and Aaron T. Beck. "Cognitive Therapy." In *Handbook of Cognitive-Behavioral Therapies,* 3rd ed. edited by Keith S. Dobson, pp. 349–392. New York: Guilford Press, 2001.

Diamond, David M., Adam M. Campbell, Collin R. Park, Joshua Halonen, and Phillip R. Zoladz. "The Temporal Dynamics Model of Emotional Memory Processing: A Synthesis on the Neurobiological Basis of Stress-Induced Amnesia, Flashbulb and Traumatic Memories, and the Yerkes–Dodson Law." *Neural Plasticity* (2007). doi: 10.1155/2007/60803.

Division 12 of the American Psychological Association. "Research- Supported Psychological Treatments." Accessed November 15 2017. https://www.div12.org/psychological-treatments.

Ekers, David, Lisa Webster, Annemieke Van Straten Pim Cuijpers, David Richards, and Simon Gilbody. "Behavioural Activation for Depression: An Update of Meta-Analysis of Effectiveness and Sub Group Analysis." *PloS One* 9, no. 6 (June 2014): e100100. doi: 10 1371/journal.pone.0100100.

Ellenbogen, Jeffrey M., Jessica D. Payne, and Robert Stickgold. "The Role of Sleep in Declarative Memory Consolidation: Passive, Permissive, Active or None?" *Current Opinion in Neurobiology* 16, no. 6 (December 2006): 716–722. doi: 10.1016/j conb.2006.10.006.

Ellis, Albert. Reason and Emotion in Psychotherapy. Secaucus, NJ: Citadel Press, 1962.

Emmons, Robert A., and Michael E. McCullough. "Counting Blessings Versus Burdens: An Experimental Investigation of Gratitude and Subjective Well-Being in Daily Life." *Journal of Personality and Social Psychology* 84, no. 2 (February 2003): 377–389.

Erickson, Thane M., M. Teresa Granillo, Jennifer Crocker, James L. Abelson, Hannah E. Reas, and Christina M. Quach. "Compassionate and Self-Image Goals as Interpersonal Maintenance Factors in Clinical Depression and Anxiety." *Journal of Clinical Psychology* (September 2017) doi: 10.1002/jclp.22524.

Felmingham, Kim, Andrew Kemp, Leanne Williams, Pritha Das, Gerard Hughes, Anthony Peduto, and Richard Bryant. "Changes in Anterior Cingulate and Amygdala After Cognitive Behavior Therapy of Posttraumatic Stress Disorder." *Psychological Science* 18, no. 2 (February 2007): 127–129.

Fox, Jesse, and Jennifer J. Moreland. "The Dark Side of Social Networking Sites: An Exploration of the Relational and Psychological Stressors Associated with Facebook Use and Affordances." *Computers in Human Behavior* 45 (April 2015): 168–176. doi: 10.1016/j.chb.2014.11.083.

Francis, Kylie, and Michel J. Dugas. "Assessing Positive Beliefs About Worry: Validation of a Structured Interview." *Personality and Individual Differences* 37, no. 2 (July 2004): 405–415. doi: 10.1016/j.paid.2003.09.012.

Gillihan, Seth J., John A. Detre, Martha J. Farah, and Hengyi Rao. "Neural Substrates Associated with Weather Induced Mood Variability: An Exploratory Study Using ASL Perfusion fMRI." *Journal of Cognitive Science* 12, no. 2 (2011): 195–210.

Gillihan, Seth J., Hengyi Rao, Jiongjiong Wang, John A. Detre, Jessica Breland, Geena Mary V. Sankoorikal, Edward S. Brodkin, and Martha J. Farah. "Serotonin Transporter Genotype Modulates Amygdala Activity During Mood Regulation." *Social Cognitive and Affective Neuroscience* 5, no. 1 (March 2010): 1–10. doi: 10.1093/scan/nsp035.

Gillihan, Seth J., Chenjie Xia, Alisa A. Padon, Andrea S. Heberlein, Martha J. Farah, and Lesley K. Fellows. "Contrasting Roles for Lateral and Ventromedial Prefrontal Cortex in Transient and Dispositional Affective Experience." *Social Cognitive and Affective Neuroscience* 6, no. 1 (January 2011): 128–137. doi: 10.1093/scan/nsq026.

Grant, Adam. *Originals: How Non-Conformists Move the World.* New York: Penguin, 2017.

Grant, Joshua A., Emma G. Duerden, Jerome Courtemanche, Mariya Cherkasova, Gary H. Duncan, and Pierre Rainville. "Cortical Thickness, Mental Absorption and Meditative Practice: Possible Implications for Disorders of Attention." *Biological Psychology* 92, no. 2 (2013): 275–281.

Hartig, Terry, Richard Mitchell, Sjerp De Vries, and Howard Frumkin. "Nature and Health." *Annual Review of Public Health* 35 (2014): 207–228. doi: 10.1146/annurev-publhealth-032013-182443.

Hellström, Kerstin, and Lars-Göran Öst. "One-Session Therapist Directed Exposure vs Two Forms of Manual Directed Self-Exposure in the Treatment of Spider Phobia." *Behaviour Research and Therapy* 33, no. 8 (November 1995): 959–965. doi: 1016/0005-7967(95)00028-V.

Hirshkowitz, Max, Kaitlyn Whiton, Steven M. Albert, Cathy Alessi, Oliviero Bruni, Lydia DonCarlos, Nancy Hazen, et al. "National Sleep Foundation's Sleep Time Duration Recommendations: Methodology and Results Summary." *Sleep Health* 1, no. 1 (2015): 40–43 doi: 10.1016/ j. sleh.2014.12.010.

Hofmann, Stefan G., Anu Asnaani, Imke J. J Vonk, Alice T. Sawyer, and Angela Fang. "The Efficacy of Cognitive Behavioral Therapy: A Review of Meta-Analyses." *Cognitive Therapy and Research* 36, no. 5 (October 2012): 427–440. doi: 10.1007/s10608-012-9476-1.

Hofmann, Stefan G., Alice T. Sawyer, Ashley A. Witt, and Diana Oh. "The Effect of Mindfulness-Based

Therapy on Anxiety and Depression: A Meta-Analytic Review." *Journal of Consulting and Clinical Psychology* 78, no. 2 (April 2010): 169–183. doi: 10.1037/a0018555.

Hollon, Steven D., Robert J. DeRubeis, Richard C. Shelton, Jay D. Amsterdam, Ronald M. Salomon, John P. O'Reardon, Margaret L. Lovett, et al. "Prevention of Relapse Following Cognitive Therapy vs Medications in Moderate to Severe Depression." *Archives of General Psychiatry* 62, no. 4 (April 2005): 417–422. doi: 10.1001/archpsyc.62.4.417.

Irwin, Michael R., Minge Wang, Capella O. Campomayor, Alicia Collado- Hidalgo, and Steve Cole. "Sleep Deprivation and Activation of Morning Levels of Cellular and Genomic Markers of Inflammation." *Archives of Internal Medicine* 166, no. 16 (2006): 1756–1762. doi: 10.1001/archinte.166.16.1756.

Jacka, Felice N., Julie A. Pasco, Arnstein Mykletun, Lana J. Williams, Allison M. Hodge, Sharleen Linette O' Reilly, Geoffrey C. Nicholson, Mark A. Kotowicz, and Michael Berk. "Association of Western and Traditional Diets with Depression and Anxiety in Women." *American Journal of Psychiatry* 167, no. 3 (March 2010): 305–311. doi: 10.1176/ appi.ajp.2009.09060881.

James, William. *On Vital Reserves: The Energies of Men. The Gospel of Relaxation.* New York: Henry Holt and Company, 1911.

Jeanne, Miranda, James J. Gross, Jacqueline B. Persons, and Judy Hahn. "Mood Matters: Negative Mood Induction Activates Dysfunctional Attitudes in Women Vulnerable to Depression." *Cognitive Therapy and Research* 22, no. 4 (August 1998): 363–376. doi: 10 1023/A:1018709212986.

Kabat-Zinn, Jon, Leslie Lipworth, and Robert Burney. "The Clinical Use of Mindfulness Meditation for the Self Regulation of Chronic Pain." *Journal of Behavioral Medicine* 8, no 2 (1985): 163–190.

Kaplan, Bonnie J., Julia J. Rucklidge, Amy Romijn, and Kevin McLeod. "The Emerging Field of Nutritional Mental Health: Inflammation, the Microbiome, Oxidative Stress, and Mitochondrial Function." *Clinical Psychological Science* 3, no. 6 (2015): 964–980.

Kessler, Ronald C., Patricia Berglund, Olga Demler, Robert Jin, Doreen Koretz, Kathleen R. Merikangas, A. John Rush, Ellen E. Walters, and Philip S. Wang. "The Epidemiology of Major Depressive Disorder: Results from the National Comorbidity Survey Replication (NCS-R)." *Journal of the American Medical Association* 289, no. 23 (June 2003): 3095–3105. doi: 10.1001/jama.289.23.3095.

Kessler, Ronald C., Patricia Berglund, Olga Demler, Robert Jin, Kathleen R. Merikangas, and Ellen E. Walters. "Lifetime Prevalence and Age-of-Onset Distributions of *DSM-IV* Disorders in the National Comorbidity Survey Replication." *Archives of General Psychiatry* 62, no. 6 (June 2005): 593–602.

doi: 10.1001/archpsyc.62.6.593.

Kessler, Ronald C., Wai Tat Chiu, Robert Jin, Ayelet Meron Ruscio, Katherine Shear, and Ellen E. Walters. "The Epidemiology of Panic Attacks, Panic Disorder, and Agoraphobia in the National Comorbidity Survey Replication." *Archives of General Psychiatry* 63, no. 4 (April 2006): 415–424. doi:10.1001/archpsyc.63.4.415.

Kessler, Ronald C., Maria Petukhova, Nancy A. Sampson, Alan M. Zaslavsky, and Hans Ullrich Wittchen. "Twelve-Month and Lifetime Prevalence and Lifetime Morbid Risk of Anxiety and Mood Disorders in the United States." *International Journal of Methods in Psychiatric Research* 21, no. 3 (September 2012): 169–184. doi:10.1002/mpr.1359.

Kessler, Ronald C., Ayelet Meron Ruscio, Katherine Shear, and Hans-Ulrich Wittchen. "Epidemiology of Anxiety Disorders." In *Behavioral Neurobiology of Anxiety and Its Treatment* edited by Murray B. Stein and Thomas Steckler, pp. 21–35. Heidelberg, Germany: Springer, 2009.

Krogh, Jesper, Merete Nordentoft, Jonathan A. C. Sterne, and Debbie A. Lawlor. "The Effect of Exercise in Clinically Depressed Adults: Systematic Review and Meta-Analysis of Randomized Controlled Trials." *The Journal of Clinical Psychiatry* 72, no. 4 (April 2011): 529–538. doi: 10.4088 / JCP.08r04913blu.

Kross, Ethan, Philippe Verduyn, Emre Demiralp, Jiyoung Park, David Seungjae Lee, Natalie Lin, Holly Shablack, John Jonides, and Oscar Ybarra. "Facebook Use Predicts Declines in Subjective Well-Being in Young Adults." *PloS One* 8, no. 8 (August 2013): e69841. doi: 10.1371 /journal.pone.0069841.

Lai, Jun S., Sarah Hiles, Alessandra Bisquera, Alexis J. Hure, Mark McEvoy, and John Attia. "A Systematic Review and Meta-Analysis of Dietary Patterns and Depression in Community-Dwelling Adults." *The American Journal of Clinical Nutrition* 99, no. 1 (January 2014): 181–197. doi: 10.3945/ ajcn.113.06988.

LeDoux, Joseph E. "Emotion: Clues from the Brain." *Annual Review of Psychology* 46, no. 1 (1995): 209–235.

Lejuez, C. W., Derek R. Hopko, Ron Acierno, Stacey B. Daughters, and Sherry L. Pagoto. "Ten-Year Revision of the Brief Behavioral Activation Treatment for Depression: Revised Treatment Manual." *Behavior Modification* 35, no. 2 (February 2011): 111–161.

Locke, Edwin A., and Gary P. Latham. "Building a Practically Useful Theory of Goal Setting and Task Motivation: A 35-Year Odyssey." *American Psychologist* 57, no. 9 (2002): 705–717. doi: 10.1037/0003-066X.57.9.705.

Ma, S. Helen, and John D. Teasdale. "Mindfulness-Based Cognitive Therapy for Depression: Replication and Exploration of Differential Relapse Prevention Effects." *Journal of Consulting and Clinical Psychology* 72, no. 1 (February 2004): 31–40. doi: 10 1037/0022-006X.72.1.31.

Minkel, Jared D., Siobhan Banks, Oo Htaik, Marisa C. Moreta, Christopher W. Jones, Eleanor L. McGlinchey, Norah S. Simpson, and David F. Dinges. "Sleep Deprivation and Stressors: Evidence for Elevated Negative Affect in Response to Mild Stressors When Sleep Deprived." *Emotion* 12, no. 5 (October 2012): 1015–1020. doi: 10.1037/a0026871.

Mitchell, Matthew D., Philip Gehrman, Michael Perlis, and Craig A. Umscheid. "Comparative Effectiveness of Cognitive Behavioral Therapy for Insomnia: A Systematic Review." *BMC Family Practice* 13 (May 2012): 1–11. doi: 10.1186/1471-2296-13-40.

Nelson, Julia, and Allison G. Harvey. "An Exploration of Pre-Sleep Cognitive Activity in Insomnia: Imagery and Verbal Thought." *British Journal of Clinical Psychology* 42, no. 3 (September 2003): 271–288.

Nemeroff, Charles B., J. Douglas Bremner, Edna B. Foa, Helen S. Mayberg, Carol S. North, and Murray B. Stein. "Posttraumatic Stress Disorder: A State-of-the-Science Review." *Journal of Psychiatric Research* 40, no. 1 (2006): 1–21. doi: 10.1016/j.jpsychires.2005.07.005.

National Institute of Mental Health. "Mental Health Medications." Accessed November 21, 2017. https://www.nimh.nih.gov/health/topics /mental-health-medications/index.shtml.

National Institute of Mental Health. "Mental Health Statistics." Accessed November 10, 2017. https://www.nimh.nih.gov/health/topics/index.shtml.

O'Connell, Brenda H., Deirdre O'Shea, and Stephen Gallagher. "Feeling Thanks and Saying Thanks: A Randomized Controlled Trial Examining If and How Socially Oriented Gratitude Journals Work." *Journal of Clinical Psychology* 73, no. 10 (October 2017): 1280–1300. doi: 10.1002/jclp.22469.

Opie, R. S., C. Itsiopoulos, N. Parletta, A. Sanchez-Villegas, T. N Akbaraly, Anu Ruusunen, and F. N. Jacka. "Dietary Recommendations for the Prevention of Depression." *Nutritional Neuroscience* 20, no. 3 (April 2017): 161–171. doi: 10.1179/1476830515Y.0000000043.

Öst, Lars-Göran. "One-Session Treatment of Specific Phobias." *Behaviour Research and Therapy* 27, no. 1 (February 1989): 1–7. doi: 10.1016/0005-7967(89)90113-7.

Owen, John M. "Transdiagnostic Cognitive Processes in High Trait Anger." *Clinical Psychology Review* 31, no. 2 (2011): 193–202. doi: 10.1016 /j.cpr.2010.10.003.

Parletta, Natalie, Dorota Zarnowiecki, Jihyun Cho, Amy Wilson, Svetlana Bogomolova, Anthony Villani, Catherine Itsiopoulos, et al. "A Mediterranean-Style Dietary Intervention Supplemented with Fish Oil Improves Diet Quality and Mental Health in People with Depression: A Randomized Controlled Trial (HELFIMED)." *Nutritional Neuroscience* (2017): 1–14.

Piet, Jacob, and Esben Hougaard. "The Effect of Mindfulness-Based Cognitive Therapy for Prevention of Relapse in Recurrent Major Depressive Disorder: A Systematic Review and Meta-Analysis." *Clinical Psychology Review* 31, no. 6 (August 2011): 1032–1040. doi: 10.1016/j.cpr.2011.05.002.

Psychology Today. "Agoraphobia." Accessed February 10, 2017. https://www.psychologytoday.com/conditions/agoraphobia.

Rahe, Corinna, and Klaus Berger. "Nutrition and Depression: Current Evidence on the Association of Dietary Patterns with Depression and Its Subtypes." In *Cardiovascular Diseases and Depression*, pp. 279–304. Springer International Publishing, 2016.

Rao, Hengyi, Seth J. Gillihan, Jiongjiong Wang, Marc Korczykowski, Geena Mary V. Sankoorikal, Kristin A. Kaercher, Edward S. Brodkin, John A. Detre, and Martha J. Farah. "Genetic Variation in Serotonin Transporter Alters Resting Brain Function in Healthy Individuals." *Biological Psychiatry* 62, no. 6 (2007): 600–606. doi: 10.1016/j.biopsych .2006.11.028.

Raposa, Elizabeth B., Holly B. Laws, and Emily B. Ansell "Prosocial Behavior Mitigates the Negative Effects of Stress in Everyday Life." *Clinical Psychological Science* 4, no. 4 (2016): 691–698.

Rotenstein, Aliza, Harry Z. Davis, and Lawrence Tatum. "Early Birds Versus Just-in-Timers: The Effect of Procrastination on Academic Performance of Accounting Students." *Journal of Accounting Education* 27, no. 4 (2009): 223–232. doi: 10.1016/j.jaccedu.2010.08.001.

Rucklidge, Julia J., and Bonnie J. Kaplan. "Nutrition and Mental Health." *Clinical Psychological Science* 4, no. 6 (2016): 1082–1084.

Saini, Michael. "A Meta-Analysis of the Psychological Treatment of Anger: Developing Guidelines for Evidence-Based Practice." *Journal of the American Academy of Psychiatry and the Law Online* 37, no. 4 (2009): 473–488.

Salzman, C. Daniel, and Stefano Fusi. "Emotion, Cognition, and Mental State Representation in Amygdala and Prefrontal Cortex." *Annual Review of Neuroscience* 33 (2010): 173–202. doi: 10.1146/annurev.neuro.051508.135256.

Sánchez-Villegas, Almudena, Miguel Ruíz-Canela, Alfredo Gea, Francisca Lahortiga, and Miguel A. Martínez-González. "The Association Between the Mediterranean Lifestyle and Depression."

Clinical Psychological Science 4, no. 6 (2016): 1085–1093.

Sapolsky, Robert M. *Why Zebras Don't Get Ulcers: The Acclaimed Guide to Stress, Stress-Related Diseases, and Coping*. New York: Holt Paperbacks, 2004.

Segal, Zindel V., Michael Gemar, and Susan Williams. "Differential Cognitive Response to a Mood Challenge Following Successful Cognitive Therapy or Pharmacotherapy for Unipolar Depression." *Journal of Abnormal Psychology* 108, no. 1 (1999): 3–10. doi: 10.1037/0021-843X.108.1.3.

Seligman, Martin E. P., Tayyab Rashid, and Acacia C. Parks. "Positive Psychotherapy." *American Psychologist* 61, no. 8 (2006): 774–788. doi: 10.1037/0003-066X.61.8.774.

Selye, Hans. "A Syndrome Produced by Diverse Nocuous Agents." *Nature* 138, no. 32 (July 1936). doi: 10.1038/138032a0.

Stathopoulou, Georgia, Mark B. Powers, Angela C Berry, Jasper A. J. Smits, and Michael W. Otto. "Exercise Interventions for Mental Health: A Quantitative and Qualitative Review" *Clinical Psychology: Science and Practice* 13, no. 2 (May 2006): 179–193. doi: 10.1111/j.1468-2850.2006.00021.x.

Sugiyama, Takemi, Eva Les ie, Billie Giles-Corti, and Neville Owen. "Associations of Neighbourhood Greenness with Physical and Mental Health: Do Walking, Social Coherence and Local Social Interaction Explain the Relationships?" *Journal of Epidemiology and Community Health* 62, no. 5 (2008): e9.

Tang, Tony Z., and Robert J. DeRubeis. "Sudden Gains and Critical Sessions in Cognitive-Behavioral Therapy for Depression." *Journal of Consulting and Clinical Psychology* 67, no. 6 (1999): 894–904.

Tang, Tony Z., Robert J. DeRubeis, Steven D. Hollon, Jay Amsterdam, and Richard Shelton. "Sudden Gains in Cognitive Therapy of Depression and Depression Relapse/Recurrence." *Journal of Consulting and Clinical Psychology* 75, no. 3 (2007): 404–408. doi: 10.1037/0022-006X.75.3.404.

Teasdale, John D., Zindel Segal, and J. Mark G. Williams. "How Does Cognitive Therapy Prevent Depressive Relapse and Why Should Attentional Control (Mindfulness) Training Help?" *Behaviour Research and Therapy* 33, no. 1 (January 1995): 25–39.

Teasdale, John D., Zindel V. Segal, J. Mark G. Williams, Valerie A. Ridgeway, Judith M. Soulsby, and Mark A. Lau. "Prevention of Relapse/ Recurrence in Major Depression by Mindfulness-Based Cognitive Therapy." *Journal of Consulting and Clinical Psychology* 68, no. 4 (2000): 615–623. doi: 10.1037//0022-006X.68.4.615.

Thimm, Jens C. "Personality and Early Maladaptive Schemas A Five-Factor Model Perspective."

Journal of Behavior Therapy and Experimental Psychiatry 41, no. 4 (2010): 373–380. doi: 10.1016/j.jbtep 2010.03.009.

Tice, Dianne M., and Roy F. Baumeister. "Longitudinal Study of Procrastination, Performance, Stress, and Health: The Costs and Benefits of Dawdling." *Psychological Science* 8, no. 6 (1997): 454–458.

Tolin, David F. "Is Cognitive-Behavioral Therapy More Effective Than Other Therapies? A Meta-Analytic Review." *Clinical Psychology Review* 30, no. 6 (August 2010): 710–720. doi: 10.1016/j.cpr.2010.05.003.

Trungpa, Chogyam. *Shambhala: The Sacred Path of the Warrior*. Boston: Shambhala, 2007.

Vogel, Erin A. Jason P. Rose, Lindsay R. Roberts, and Katheryn Eckles. "Social Comparison, Social Media, and Self-Esteem." *Psychology of Popular Media Culture* 3, no. 4 (2014): 206–222. doi: 10.1037/ppm0000047.

Walsh, Roger. "Lifestyle and Mental Health." *American Psychologist* 66, no. 7 (2011): 579–592. doi: 10.1037/a0021769.

Watters, Paul Andrew, Frances Martin, and Zoltan Schreter. "Caffeine and Cognitive Performance: The Nonlinear Yerkes–Dodson Law." *Human Psychopharmacology: Clinical and Experimental* 12, no. 3 (1997): 249–257. doi: 10.1002/(SICI)1099-1077(199705/06)12:3<249::AID-HUP865>3.0.CO;2-J.

Winbush, Nicole Y., Cynthia R. Gross, and Mary Jo Kreitzer. "The Effects of Mindfulness-Based Stress Reduction on Sleep Disturbance: A Systematic Review." *Explore: The Journal of Science and Healing* 3, no. 6 (2007): 585–591. doi: 10.1016/j.explore.2007.08.003.

Wise, Roy A. "Dopamine, Learning and Motivation." *Nature Reviews Neuroscience* 5, no. 6 (2004): 483–494. doi: 10.1038/nrn1406.

Wood, Alex M., Jeffrey J. Froh, and Adam W. A. Geraghty. "Gratitude and Well-Being: A Review and Theoretical Integration." *Clinical Psychology Review* 30, no. 7 (2010): 890–905. doi: 10.1016/j.cpr.2010.03.005.

Wright, Steven, Andrew Day, and Kevin Howells. "Mindfulness and the Treatment of Anger Problems." *Aggression and Violent Behavior* 14, no. 5 (2009): 396–401. doi: 10.1016/j.avb.2009.06.008.

致謝

　　許多人以不同的方式為本書的編寫做出了貢獻。首先要感謝我的父母查爾斯和卡洛琳·吉爾罕（Charles and Carolyn Gillihan）在撫養五個兒子方面所做的所有工作，直到我離家二十多年，我才明白在應對生活中最美好和最艱難的時刻時，要成為一個充滿愛心和投入的父母所需要的東西。我還要感謝我的兄弟楊德（Yonder）、瑪拉基（Malachi）、提姆（Tim）和查理（Charlie）——沒有我們之間的情誼，生命將大不相同。

　　我在喬治華盛頓大學開始我的臨床訓練，很幸運地由雷蒙·帕斯（Raymond Pasi）博士教導我的第一門課程。在過去的 17 年裡，他的智慧和幽默仍我獲益匪淺。里奇·蘭蒂爾（Rich Lanthier）教授帶領我接觸人類發展領域，並對於指導我在研究所的發展起到重要作用。

　　我被認知行為治療訓練方面享有盛譽的賓州大學吸引，在那裡攻讀我的博士學位，並獲得比我預期還要更好的經歷，這要歸功於才華橫溢的師資。黛安·錢布列斯（Dianne Chabless）博士是實證心理治療的領導者，作為臨床訓練主任令我成長。梅麗莎·亨特（Melissa Hunt）博士傳授我仍舊仰賴的以實證為基礎的評估技

巧。艾倫・戈爾茨坦（Alan Goldstein）博士是我第一位治療督導，證明認知行為治療既溫和又有效。我非常喜歡羅伯・德魯比斯（Rob DeRubeis）博士的認知治療督導，我三度完成了他的實習，並努力將他的方法體現在我的督導中。我出色的論文指導教授瑪莎・法拉（Martha Farah）博士使我的研究生經歷變得很充實；她的幫助和指導仍使我獲益匪淺。

還要感謝正念認知療法的先驅辛德・西格爾（Zindel Segal）博士，在我的研究生訓練接近尾聲之際，在臨床環境中對於正念進行了令人興奮的介紹。

當我擔任第一任教職時，艾莉莎・庫許納（Elyssa Kushner）博士幫助我在這一介紹的基礎上更上一層樓；她以正念為基礎治療焦慮症的指導，為我作為一名治療師的發展提供了寶貴的「第三波」。我不僅從埃德娜・福亞（Edna Foa）博士那裡學到有效的暴露治療的細微差別，還學到作為一名作家如何使每個單詞都有意義；她對傳播的熱情反映在我離開專職學術界後的工作中。

從那時起，我非常幸運地與業內一群強大且才華橫溢的臨床醫師團隊接觸，其中包括我經常合作的瑞克・桑默斯（Rick Summers）、大衛・史坦曼（David Steinman）、唐納・塔瓦克立（Donald Tavakoli）、佩斯・達克特（Pace Duckett）、麥特・凱撒（Matt Kayser）、德瓦尼・沙阿（Dhwani Shah）、凱薩琳・萊利（Catherine Riley）、特蕾莎・莎莉絲（Teresa Saris）和瑪德琳・韋沙（Madeleine Weiser）（她也為我們的孩子提供出色的兒科護理），還有其他許多醫師，無法在此一一列舉。

很感謝我的朋友們和心理學家露西・弗爾康布里基（Lucy Faulconbridge）、傑西・徐（Jesse Suh）、大衛・尤斯科（David Yusko）、史蒂芬・曹（Steven Tsao）、米奇・格林（Mitch Greene）、馬克・坦南鮑姆（Marc Tannenbaum）、艾略特・加森（Eliot Garson）、凱薩琳・達爾斯高（Katherine Dahlsgaard）等多位博士們的支持和協助。我也從與睡眠專家傑夫・艾倫波根（Jeff Ellenbogen）博士、精神科醫生麥特・賀福德（Matt Hurford）博士和泰德・布洛金（Ted Brodkin）博士以及健身和減重專家艾瑞亞・坎貝爾－丹妮許（Aria Campbell-Danesh）的友誼中受益匪淺。感謝健康專家詹姆斯・凱立（James Kelley）博士激發認知行為治療在整體健康中的地位討論，更不用說我們晨跑時無數次的交流——我想念那些時光。

科瑞・傑拉德（Corey Field）的專業知識和建議一直使我獲益匪淺。感謝我在 Callisto Media 的出色編輯娜娜・特武馬西（Nana K. Twumasi）。

在過去的二十年裡，我有幸治療了數百名勇於求助的男性和女性。感謝你們允許我分享你們的部分旅程——我這一路上學到的許多經驗都收錄在這本書中。

最後，我將一如既往地對我的妻子瑪西亞（Marcia）和我們的三個孩子表示由衷的感謝。在我所做的每一件事中，你們都是愛與靈感的源泉。我能與你們分享人生的冒險是難以言喻的幸運。

國家圖書館出版品預行編目 (CIP) 資料

情緒平復練習：認知行為治療實作指南，10個幫助你應對焦慮、
憂鬱、憤怒、恐慌及擔憂等情緒問題的簡易策略 / 賽斯・吉爾罕
(Seth J. Gillihan) 著；卓文琳譯. -- 初版. -- 臺中市：晨星, 2021.03
面；　公分. --（健康百科；50）

譯自：Cognitive behavioral therapy made simple.

ISBN 978-986-5582-08-1（平裝）

1.認知治療法 2.情緒管理

178.8   110001043

掃瞄 QRcode，
填寫線上回函！

健
康
百
科

050

情緒平復練習：
認知行為治療實作指南，10個幫助你應對焦慮、憂鬱、憤怒、
恐慌及擔憂等情緒問題的簡易策略
Cognitive Behavioral Therapy Made Simple : 10 Strategies for Managing Anxiety,
Depression, Anger, Panic, and Worry

作者	賽斯・吉爾罕（Seth J. Gillihan）
譯者	卓文琳
審訂	劉同雪
主編	莊雅琦
編輯	邱韻臻
封面設計	古杰
美術編輯	黃偵瑜
創辦人	陳銘民
發行所	晨星出版有限公司
	407 台中市西屯區工業 30 路 1 號 1 樓
	TEL：04-23595820　FAX：04-23550581
	行政院新聞局局版台業字第 2500 號
法律顧問	陳思成律師
初版	西元 2021 年 3 月 6 日
再版	西元 2021 年 11 月 29 日（二刷）
讀者服務專線	TEL：02-23672044 / 04-23595819#230
	FAX：02-23635741 / 04-23595493
	E-mail：service@morningstar.com.tw
網路書店	http://www.morningstar.com.tw
郵政劃撥	15060393（知己圖書股份有限公司）
印刷	上好印刷股份有限公司

定價 390 元
ISBN 978-986-5582-08-1

COGNITIVE BEHAVIORAL THERAPY MADE SIMPLE: 10 STRATEGIES FOR
MANAGING ANXIETY, DEPRESSION, ANGER, PANIC, AND WORRY by SETH J.
GILLIHAN, PHD
Copyright © 2018 by Callisto Media, Inc.
Illustration © 2018 Megan Dailey, p. 29
First published in English by Althea Press, an imprint of Callisto Media, Inc.
This edition arranged with Callisto Media, Inc.
through Big Apple Agency, Inc., Labuan, Malaysia.
Traditional Chinese edition copyright: MORNING STAR PUBLISHING INC.
All rights reserved.